Lilly Sheeba S
Kavitha Duraipandian
Sivasankari K

Aprendizagem automática com recurso à IA

Lilly Sheeba S
Kavitha Duraipandian
Sivasankari K

Aprendizagem automática com recurso à IA

ScienciaScripts

Imprint

Cover image: www.ingimage.com

This book is a translation from the original published under ISBN 978-620-7-44876-0.

Publisher:
Sciencia Scripts
is a trademark of
Dodo Books Indian Ocean Ltd. and OmniScriptum S.R.L publishing group

120 High Road, East Finchley, London, N2 9ED, United Kingdom
Str. Armeneasca 28/1, office 1, Chisinau MD-2012, Republic of Moldova, Europe
Printed at: see last page
ISBN: 978-620-7-75704-6

Conteúdo

Capítulo I

INTRODUÇÃO

O livro começa com uma visão geral dos diferentes tipos de algoritmos de aprendizagem automática, incluindo a aprendizagem supervisionada, a aprendizagem não supervisionada e a aprendizagem por reforço. Em seguida, os autores abordam as várias técnicas de processamento de dados que são essenciais para a aprendizagem automática, como a limpeza de dados, a engenharia de características e a seleção de modelos.

Nos capítulos seguintes, o livro aborda uma vasta gama de tópicos de aprendizagem automática, incluindo:

Regressão: Uma técnica para prever valores-alvo contínuos.

Classificação: Uma técnica para prever valores-alvo categóricos.

Agrupamento: Uma técnica para agrupar pontos de dados semelhantes.

Redução da dimensionalidade: Uma técnica para reduzir o número de características num conjunto de dados.

Avaliação de modelos: Uma técnica para avaliar o desempenho de um modelo de aprendizagem automática.

O livro também inclui um capítulo sobre aprendizagem profunda, que é um subcampo da aprendizagem automática que ganhou popularidade nos últimos anos. Os algoritmos de aprendizagem profunda são capazes de aprender padrões complexos a partir de dados e têm sido utilizados para alcançar resultados de ponta numa variedade de aplicações, incluindo reconhecimento de imagem, processamento de linguagem natural e reconhecimento de voz. "Machine Learning Using AI" é um recurso valioso para quem quer aprender sobre aprendizagem automática. O livro está bem escrito, é informativo e atualizado, e fornece uma base sólida para uma exploração mais aprofundada deste campo excitante.

A aprendizagem automática é uma tecnologia transformadora que está a ser utilizada para resolver uma vasta gama de problemas em vários sectores. Tem o potencial de revolucionar muitos aspectos das nossas vidas.

Eis alguns exemplos de como a aprendizagem automática está a ser utilizada atualmente:

- **Deteção de fraudes:** A aprendizagem automática está a ser utilizada para identificar transacções fraudulentas de forma mais precisa e eficiente do que os métodos tradicionais.
- **Recomendações de produtos:** A aprendizagem automática é utilizada para recomendar produtos aos clientes com base no seu histórico de compras, comportamento de navegação e outros factores.
- **Diagnóstico médico:** A aprendizagem automática está a ser utilizada para

diagnosticar doenças com maior precisão e eficiência do que os médicos humanos.

- **Carros autónomos:** A aprendizagem automática está a ser utilizada para desenvolver automóveis autónomos capazes de navegar na estrada de forma segura e eficiente.

A aprendizagem automática tem o potencial de aumentar a eficiência, melhorar a precisão, personalizar as experiências e fornecer novos conhecimentos. Com as ferramentas e os recursos certos, qualquer pessoa pode criar e implementar modelos de aprendizagem automática que funcionem.

Este livro ensinar-lhe-á os fundamentos da aprendizagem automática, a partir do zero. Aprenderá a criar, avaliar e implementar modelos de aprendizagem automática no mundo real. Este livro destina-se a qualquer pessoa que queira aprender sobre aprendizagem automática, independentemente da sua formação ou experiência.

No final deste livro, será capaz de:

- Compreender os conceitos básicos da aprendizagem automática
- Criar modelos de aprendizagem automática a partir do zero
- Avaliar o desempenho dos seus modelos de aprendizagem automática
- Implemente os seus modelos de aprendizagem automática na produção

Este livro destina-se a todos os que pretendem aprender a criar e implementar modelos de aprendizagem automática no mundo real. Quer seja um estudante, um cientista de dados ou um líder empresarial, este livro dar-lhe-á as competências necessárias para fazer com que a aprendizagem automática trabalhe para si.

Este livro ensinar-lhe-á tudo o que precisa de saber sobre a aprendizagem automática, desde os diferentes tipos de algoritmos até à forma de implementar modelos na produção. Aprenderá também a preparar dados, a conceber funcionalidades e a selecionar e avaliar modelos. O livro inclui estudos de caso de empresas do mundo real que utilizaram a aprendizagem automática para resolver os seus problemas de negócio.

Se estiver interessado em aprender mais sobre a aprendizagem automática e como utilizá-la para resolver problemas do mundo real, então este livro é para si.

Capítulo II

PREPARAÇÃO DOS DADOS

A preparação automática de dados utiliza algoritmos e técnicas para limpar, transformar e preparar dados em bruto para análise. O seu objetivo é simplificar o processo de preparação de dados, reduzir o tempo e o esforço necessários para limpar e transformar os dados e melhorar a qualidade dos dados resultantes.

A preparação automatizada de dados envolve as seguintes etapas:

- **Limpeza de dados:** Identifica e corrige erros e inconsistências nos dados, tais como valores em falta, registos duplicados e tipos de dados incorrectos.
- **Transformação de dados:** Converte os dados num formato mais adequado para análise. Isto pode incluir a agregação de dados, a normalização de dados e a codificação de variáveis categóricas.
- **Engenharia de características:** Cria novas características a partir dos dados existentes que podem ser mais informativas para a análise.
- **Integração de dados:** Combina dados de várias fontes num único conjunto de dados.

A preparação automatizada de dados pode ajudá-lo a poupar tempo e esforço e a melhorar a qualidade da sua análise de dados.

AUTOMATIZAR O PROCESSO DE PREPARAÇÃO DE DADOS:

A automatização da preparação de dados é um passo fundamental nos fluxos de trabalho modernos da ciência de dados e da aprendizagem automática. Poupa tempo e reduz os erros, conduzindo a uma análise mais exacta e eficiente.

Eis alguns passos a considerar:

1. **Identificar as etapas de limpeza e transformação de dados necessárias:** Que passos específicos são necessários para preparar os dados para análise? Por exemplo, pode ser necessário remover duplicados, preencher valores em falta, normalizar ou escalar dados e converter tipos de dados.
2. **Escolha uma ferramenta para automatização**: Existem muitas ferramentas disponíveis, incluindo linguagens de programação como Python e R, e software especializado como KNIME, Apteryx e Data Robot. Escolha uma ferramenta que se adapte às suas necessidades e ao seu nível de competências.
3. **Escreva scripts ou fluxos de trabalho:** Utilize a ferramenta escolhida para escrever scripts ou fluxos de trabalho que automatizem as etapas de preparação de dados que definiu. Isto pode implicar a utilização de bibliotecas ou módulos específicos da linguagem de programação ou ferramenta escolhida.
4. **Testar e depurar:** Antes de utilizar o processo automatizado em todo o seu conjunto de dados, teste-o num pequeno subconjunto de dados ou utilize ferramentas de depuração para identificar e corrigir erros.
5. **Aumentar a escala e automatizar:** Depois de ter testado com êxito a sua

automatização da preparação de dados, pode aumentá-la para trabalhar com conjuntos de dados maiores ou integrá-la num fluxo de trabalho maior de ciência de dados ou de aprendizagem automática.

A automatização da preparação de dados pode poupar-lhe tempo e esforço e melhorar a qualidade da sua análise de dados. Siga os passos acima para automatizar o seu processo de preparação de dados.

SELECÇÃO DE MODELOS

A seleção e a afinação automatizadas de modelos utilizam algoritmos para encontrar o melhor modelo de aprendizagem automática para um problema específico. Pode poupar tempo e melhorar o desempenho.

Eis alguns passos a considerar:

1. **Definir o problema e os indicadores de desempenho:** O que pretende resolver e otimizar?
2. **Escolha um algoritmo:** Existem muitos algoritmos disponíveis, como a otimização Bayesiana, os algoritmos genéticos e a pesquisa em grelha. Escolha um que se adeqúe às suas necessidades e ao tamanho do conjunto de dados.
3. **Definir o espaço de pesquisa:** Isto inclui a gama de hiper-parâmetros, tipos de modelos e métricas de desempenho.
4. **Treinar e avaliar modelos:** O algoritmo irá treinar e avaliar diferentes modelos no seu conjunto de dados e escolher o melhor com base nas métricas de desempenho.
5. **Afinar o modelo:** Utilizar técnicas adicionais de otimização de hiperparâmetros para melhorar ainda mais o modelo.
6. **Validar o modelo:** Utilizar um conjunto de dados de espera para garantir que o modelo não está a ser ajustado em excesso.

A seleção e o ajuste automatizados de modelos podem ajudá-lo a poupar tempo e a encontrar o melhor modelo de aprendizagem automática para o seu problema. Siga os passos acima para automatizar o processo de seleção e afinação de modelos.

DIVISÃO DE DADOS:

A divisão de dados consiste em dividir um conjunto de dados em conjuntos de treino, validação e teste. Isto é importante para avaliar o desempenho de um modelo de aprendizagem automática em novos dados.

Principais subconjuntos:

- **Conjunto de treino:** O modelo aprende padrões e relações entre características e a variável-alvo com base nestes dados.
- **Conjunto de validação:** Os hiperparâmetros do modelo são ajustados com base nestes dados. Os hiperparâmetros são parâmetros do modelo que não são aprendidos com os dados, como a taxa de aprendizagem ou o número de

camadas ocultas. O conjunto de validação evita o ajuste excessivo, avaliando o desempenho do modelo em dados novos e não vistos.

- **Conjunto de teste:** O desempenho final do modelo é avaliado com base nestes dados, que não foram vistos pelo modelo durante a formação. Isto permite estimar o desempenho do modelo em dados novos e não vistos no futuro.

Dividir os dados:

- Dividir os dados aleatoriamente para que cada subconjunto contenha uma amostra representativa dos dados.
- Uma divisão típica é 70% de treino, 20% de validação e 10% de teste. No entanto, isto pode variar consoante a dimensão do conjunto de dados e a complexidade do problema.
- Manter a mesma distribuição de classes ou variáveis-alvo em todos os subconjuntos para garantir que o modelo não é tendencioso em relação a uma determinada classe ou resultado.

Vantagens da divisão de dados:

- Treina e avalia modelos de aprendizagem automática de forma mais eficaz.
- Conduz a um melhor desempenho e a previsões mais exactas sobre novos dados.

A divisão de dados é um passo importante na aprendizagem automática para avaliar o desempenho de um modelo em novos dados. É efectuada dividindo o conjunto de dados em conjuntos de treino, validação e teste. Cada subconjunto é utilizado para um objetivo diferente, pelo que é importante dividir os dados aleatoriamente e manter a mesma distribuição de classes ou variáveis alvo em todos os subconjuntos.

IMPLANTAÇÃO DO MODELO:

A implementação automatizada de modelos é o processo de tornar um modelo de aprendizagem automática treinado disponível num ambiente de produção. Envolve a criação de um pipeline que pega no modelo treinado e o torna utilizável por utilizadores finais ou outros sistemas.

Eis alguns passos a considerar ao automatizar a implementação de modelos:

1. **Escolha uma estrutura de implantação:** Cabernets, Dockers e AWS Sage Maker são estruturas de implantação populares. Escolha uma que se adapte às suas necessidades e ao seu nível de competências.
2. **Criar um pipeline:** Crie um pipeline que possa pegar o modelo treinado e disponibilizá-lo na produção. Isso pode envolver o empacotamento do modelo em um contêiner, implantando-o em um serviço de nuvem ou criando uma API REST.

3. **Automatizar o pipeline:** Use uma ferramenta de integração e implantação contínuas (CI/CD), como Jenkins, Travis CI ou Circle CI, para automatizar o pipeline. Isso implantará automaticamente novas versões de modelo à medida que elas se tornarem disponíveis.
4. **Testar e validar a implantação:** Assegurar que a implementação está a funcionar como esperado, utilizando ferramentas de teste automatizadas ou testes manuais.
5. **Monitorar a implantação:** Utilize ferramentas de monitorização como o Prometheus ou o Grana para monitorizar o desempenho e a utilização da implementação. Certifique-se de que está a cumprir as métricas de desempenho esperadas.
6. **Atualizar a implementação:** Actualize a implementação conforme necessário para adicionar novas funcionalidades ou resolver quaisquer problemas.

A implementação automatizada de modelos é um passo fundamental nos fluxos de trabalho de aprendizagem automática. Ajuda a tornar os modelos de aprendizagem automática mais acessíveis e úteis. Ao seguir os passos acima, pode automatizar o seu processo de implementação de modelos e poupar tempo e recursos.

AVALIAÇÃO E MÉTRICAS:

Avaliar e medir o desempenho dos modelos de processamento da linguagem natural (PLN) é crucial para garantir a sua eficácia e selecionar o mais adequado para uma determinada tarefa. São normalmente utilizadas várias métricas para avaliar a exatidão, a precisão, a recuperação e a eficiência global dos modelos de PLN. Eis um resumo de algumas das principais métricas de avaliação em PNL:

1. **Exatidão:** A precisão representa a proporção de previsões correctas feitas pelo modelo. É calculada como o número de previsões correctas dividido pelo número total de previsões. A exatidão é uma métrica simples, mas pode não ser a mais informativa para conjuntos de dados desequilibrados.
2. **Precisão:** A precisão indica a proporção de previsões positivas que estão efetivamente correctas. É calculada como o número de verdadeiros positivos (TP) dividido pelo número total de previsões positivas (TP + FP), em que FP representa os falsos positivos. A precisão é útil para avaliar modelos que dão prioridade à identificação exacta de verdadeiros positivos.
3. **Recuperação:** A recuperação mede a proporção de instâncias positivas reais que são corretamente identificadas. É calculada como o número de TP dividido pelo número total de instâncias positivas (TP + FN), em que FN representa os falsos negativos. A recuperação é importante quando é crucial minimizar os falsos negativos, como no diagnóstico médico ou na filtragem de spam.

4. **Pontuação F1:** A pontuação F1 é uma média harmónica da precisão e da recuperação, fornecendo uma avaliação equilibrada de ambos os aspectos. É calculada como 2 * (Precisão * Recuperação) / (Precisão + Recuperação). A pontuação F1 é particularmente útil quando se lida com conjuntos de dados desequilibrados.
5. **AUC-ROC:** AUC-ROC (Area Under the Curve - Receiver Operating Characteristic) é uma métrica específica para tarefas de classificação binária. Avalia a capacidade do modelo para distinguir entre instâncias positivas e negativas, considerando todos os limiares possíveis para a classificação de instâncias. Um valor AUC-ROC mais elevado indica um melhor desempenho.
6. **Pontuação BLEU:** BLEU (Bilingual Evaluation Understudy) é uma métrica utilizada para avaliar modelos de tradução automática. Compara a semelhança entre traduções geradas por máquinas e traduções geradas por humanos, considerando a correspondência de n-gramas (sequências de n palavras). Uma pontuação BLEU mais elevada indica uma correspondência mais próxima das traduções humanas.
7. **Perplexidade:** A perplexidade é uma medida da capacidade de um modelo linguístico para prever a palavra seguinte' numa sequência. É calculada como a exponencial da perda de entropia cruzada entre as palavras seguintes previstas e reais. Uma pontuação de perplexidade mais baixa indica uma melhor capacidade de modelação da linguagem.
8. Estas métricas fornecem informações valiosas sobre o desempenho dos modelos de PNL, permitindo aos programadores aperfeiçoar e melhorar os seus modelos para tarefas e requisitos específicos.

SELECÇÃO DE MODELOS E MÉTODOS DE CONJUNTO NA APRENDIZAGEM AUTOMÁTICA DE MÁQUINAS:

A aprendizagem automática de máquinas (Auto ML) simplifica o processo de seleção, formação e implementação de modelos de aprendizagem automática. Duas técnicas-chave utilizadas na ML automática para melhorar o desempenho do modelo são a seleção de modelos e os métodos de conjunto.

A seleção de modelos envolve a identificação do algoritmo e dos hiperparâmetros mais adequados para um problema específico. Várias técnicas, como a pesquisa em grelha, a pesquisa aleatória, a otimização bayesiana e os algoritmos genéticos, podem automatizar este processo. A pesquisa em grelha avalia exaustivamente uma gama de hiperparâmetros, enquanto a pesquisa aleatória recolhe aleatoriamente amostras de hiperparâmetros de um espaço predefinido. A otimização Bayesiana utiliza distribuições de probabilidade para orientar a procura de hiperparâmetros óptimos, enquanto os algoritmos genéticos utilizam técnicas evolutivas para os otimizar.

Os métodos de conjunto combinam previsões de vários modelos de aprendizagem automática para melhorar o desempenho global. Podem ser aplicados com qualquer algoritmo de aprendizagem automática e podem melhorar significativamente a precisão, reduzindo o sobreajuste e aumentando a robustez do modelo. Os métodos de conjunto mais comuns incluem o ensacamento, o reforço e o empilhamento. O ensacamento envolve o treino de várias instâncias do mesmo algoritmo em diferentes subconjuntos de dados e, em seguida, a agregação das suas previsões. O boosting envolve o treino sequencial de vários alunos fracos, com cada aluno a basear-se nos erros do anterior. O empilhamento envolve a combinação de previsões de vários modelos utilizando um meta-modelo que aprende a ponderar as previsões de cada modelo.

No Auto ML, a seleção de modelos e os métodos de conjunto são frequentemente combinados para criar modelos de aprendizagem automática altamente precisos e robustos. As plataformas de aprendizagem automática, como a H2O.ai, a TPOT e a Auto-Kara, utilizam uma combinação destas técnicas para gerar e otimizar automaticamente os pipelines de aprendizagem automática. Estas ferramentas simplificam o processo de criação de modelos de aprendizagem automática, permitindo que os cientistas de dados e os programadores se concentrem em tarefas de nível superior, como a engenharia de características e a análise de dados.

AFINAÇÃO DE HIPERPARÂMETROS:

A afinação dos hiperparâmetros é uma etapa crucial na aprendizagem automática, uma vez que envolve a seleção dos valores ideais dos hiperparâmetros para melhorar o desempenho do modelo. Os hiperparâmetros, ao contrário dos parâmetros, não são aprendidos diretamente durante o treino, mas são definidos manualmente antes do treino. Exemplos de hiperparâmetros incluem a taxa de aprendizagem, a força de regularização e o número de camadas ocultas numa rede neural.

A importância da afinação dos hiperparâmetros reside no seu impacto substancial no desempenho do modelo. A seleção incorrecta dos hiperparâmetros pode levar a um subajuste ou a um sobreajuste, resultando num fraco desempenho em dados não vistos.

Existem várias técnicas para a afinação de hiper-parâmetros, cada uma com os seus pontos fortes e limitações:

1. **Pesquisa em grelha:** Este método envolve a avaliação do desempenho do modelo para todas as combinações possíveis de valores de hiperparâmetros dentro de uma grelha predefinida. Embora computacionalmente dispendiosa, a pesquisa em grelha é eficaz para espaços de pesquisa pequenos.

2. **Pesquisa aleatória:** Este método melhora a pesquisa em grelha seleccionando aleatoriamente valores de hiperparâmetros de um espaço de pesquisa predefinido, tornando-o mais eficiente para espaços de pesquisa maiores.

3. **Otimização Bayesiana:** Esta técnica utiliza um modelo probabilístico para prever o desempenho do modelo com base em diferentes valores de hiperparâmetros. O modelo é atualizado com cada avaliação, orientando a seleção do próximo conjunto de hiperparâmetros a avaliar. A otimização Bayesiana é particularmente eficiente para grandes espaços de pesquisa.

4. **Algoritmos Genéticos:** Estes algoritmos imitam os processos evolutivos para pesquisar o espaço de hiperparâmetros. Os hiperparâmetros são tratados como genes e o algoritmo faz evoluir uma população de modelos ao longo de várias gerações. Os algoritmos genéticos são eficazes para hiperparâmetros não contínuos ou quando existem interacções entre hiperparâmetros.

MODELO ENSEMBLE

Os métodos de conjunto, que combinam vários modelos de aprendizagem automática, podem melhorar ainda mais o desempenho:

1. **Bagging (Bootstrap Aggregating):** O ensacamento envolve o treino de várias instâncias do mesmo algoritmo em diferentes subconjuntos de dados, com substituição. As previsões de cada modelo são depois calculadas como média para produzir a previsão final. O ensacamento reduz efetivamente o sobreajuste e aumenta a estabilidade do modelo.

2. **Reforço:** Este método envolve a formação sequencial de vários alunos fracos, em que cada aluno se baseia nos erros do anterior. As previsões de cada modelo fraco são ponderadas com base na sua exatidão, sendo dado mais peso aos modelos de maior exatidão. O reforço reduz eficazmente o enviesamento e melhora a precisão geral do modelo.

3. **Empilhamento:** O empilhamento envolve a combinação das previsões de vários modelos utilizando um meta-modelo que aprende a ponderar as previsões de cada modelo. As previsões dos modelos de base são utilizadas como entrada para o meta-modelo, que produz a previsão final. O empilhamento reduz efetivamente o sobreajuste e aumenta a precisão do modelo.

4. **Poda do conjunto**: Esta técnica envolve a remoção de modelos do conjunto que não contribuem significativamente para o desempenho global. O objetivo da poda do conjunto é reduzir o tamanho do conjunto sem comprometer o desempenho.

A afinação de hiperparâmetros e os métodos de conjunto desempenham papéis cruciais na otimização de modelos de aprendizagem automática para um melhor desempenho e uma melhor generalização a dados não vistos.

COMPRESSÃO DO MODELO:

A compressão de modelos é uma técnica fundamental na aprendizagem automática, uma vez que permite a implementação de modelos complexos em dispositivos com recursos limitados sem sacrificar a precisão. Ao reduzir o tamanho do modelo, a compressão de modelos minimiza os requisitos de armazenamento e as exigências computacionais, tornando-a adequada para telemóveis, sistemas incorporados e outros dispositivos com recursos limitados.

Podem ser utilizadas várias técnicas para conseguir a compressão do modelo:

1. **Quantização:** A quantização reduz a precisão dos pesos e das activações no modelo, normalmente de números de vírgula flutuante de 32 bits para números inteiros de 8 bits. Isto reduz significativamente o tamanho do modelo sem comprometer a precisão.
2. **Poda:** A poda elimina pesos ou neurónios sem importância do modelo, aumentando a sua eficiência. Técnicas como a poda de magnitude, que remove pesos com magnitudes baixas, e a poda estruturada, que remove filtros ou camadas inteiras, são normalmente utilizadas.
3. **Destilação de conhecimento:** A destilação de conhecimento envolve o treinamento de um modelo menor para imitar o comportamento de um modelo maior e mais complexo. O modelo mais pequeno é treinado para replicar os resultados do modelo maior, em vez dos rótulos da verdade terrestre. Esta técnica reduz efetivamente o tamanho do modelo, mantendo a precisão.
4. **Aproximação de baixo grau:** A aproximação de baixo grau aproxima as matrizes de peso do modelo utilizando matrizes de baixo grau. São frequentemente utilizadas técnicas como a decomposição do valor singular (SVD) ou a factorização de matrizes. Esta abordagem reduz significativamente o tamanho do modelo com uma perda mínima ou nula de exatidão.

A compressão de modelos desempenha um papel crucial para permitir a implementação de modelos complexos de aprendizagem automática em dispositivos com recursos limitados. Empregando técnicas como quantização, poda, destilação de conhecimento e aproximação de baixo grau, podemos reduzir efetivamente o tamanho do modelo, mantendo o desempenho, tornando-o adequado para uma vasta gama de aplicações.

APRENDIZAGEM POR TRANSFERÊNCIA DE MODELOS:

A aprendizagem por transferência é uma técnica poderosa de aprendizagem automática que consiste em aproveitar os conhecimentos adquiridos numa tarefa (tarefa de origem) para melhorar o desempenho de um modelo numa tarefa diferente mas relacionada (tarefa de destino). Esta abordagem é particularmente vantajosa quando a tarefa alvo tem um conjunto de dados limitado ou quando a tarefa alvo partilha semelhanças com a tarefa fonte.

Um excelente exemplo de aprendizagem por transferência em ação é o domínio da visão por computador. Os modelos pré-treinados, como o VGG Net ou o Res Net, podem ser reutilizados para melhorar o desempenho de novos modelos na classificação de imagens, deteção de objectos ou tarefas de segmentação. Ao afinar estes modelos pré-treinados no novo conjunto de dados, os seus parâmetros são ajustados para se adaptarem melhor aos novos dados. As características extraídas do modelo pré-treinado servem como uma base valiosa para o novo modelo, facilitando uma aprendizagem mais rápida e precisa.

A aprendizagem por transferência também encontra aplicações em tarefas de processamento de linguagem natural (PLN), como a classificação de textos ou a modelação de linguagem. Os modelos linguísticos pré-treinados, como o BERT (Bidirectional Encoder Representations from Transformers), podem ser utilizados para aprender as características semânticas do texto e subsequentemente ajustados para tarefas específicas de PLN. Por exemplo, o BERT pode ser adaptado para tarefas de classificação de texto ou de reconhecimento de entidades nomeadas.

As vantagens da aprendizagem por transferência são múltiplas:

1. **Formação acelerada:** A aprendizagem por transferência reduz significativamente o tempo de formação ao inicializar o modelo com parâmetros pré-treinados, eliminando a necessidade de começar do zero.
2. **Maior precisão:** A aprendizagem por transferência pode melhorar consideravelmente a precisão do modelo na tarefa-alvo, especialmente quando se lida com conjuntos de dados limitados.
3. **Requisitos de dados reduzidos:** A aprendizagem por transferência minimiza os requisitos de dados para a formação, uma vez que o modelo pré-treinado já adquiriu características relevantes para a tarefa-alvo.
4. **Generalização melhorada:** A aprendizagem por transferência permite que os modelos generalizem melhor para novos dados, transmitindo conhecimentos de características aplicáveis a várias tarefas.

Essencialmente, a aprendizagem por transferência oferece uma estratégia poderosa para aproveitar o conhecimento existente para melhorar o desempenho dos modelos de aprendizagem automática em novas tarefas, especialmente quando existem limitações de dados ou quando as tarefas apresentam características partilhadas.

Capítulo III

ARQUITECTURA E ALGORITMO DO MODELO

Pesquisa de Arquitetura Neural (nas) para modelos de aprendizagem profunda:

A pesquisa de arquitetura neural (NAS) é uma abordagem automatizada para conceber modelos de aprendizagem profunda adaptados a tarefas específicas. Utiliza um algoritmo de pesquisa para explorar um vasto espaço de potenciais arquitecturas e identificar a que oferece o melhor desempenho para uma determinada tarefa. O NAS pode ser utilizado para criar redes neurais para uma vasta gama de aplicações, incluindo classificação de imagens, deteção de objectos e processamento de linguagem natural.

O espaço de pesquisa no NAS pode ser definido de várias formas, por exemplo, especificando os tipos de camadas e as suas ligações ou delineando padrões arquitecturais de alto nível, como redes recorrentes ou convolucionais. O algoritmo de pesquisa explora então meticulosamente este espaço, gerando e avaliando uma multiplicidade de arquitecturas candidatas.

Podem ser utilizados vários métodos para os NAS, nomeadamente:

1. **NAS baseado na aprendizagem por reforço:** Este método utiliza um algoritmo de aprendizagem por reforço para descobrir a arquitetura óptima da rede neural. O algoritmo aprende a avaliar o desempenho de diferentes arquitecturas e selecciona a que obtém os melhores resultados.
2. **NAS de base evolutiva:** Este método consiste em gerar uma população de arquitecturas candidatas e avaliá-las utilizando uma função de aptidão que mede o seu desempenho na tarefa. As arquitecturas candidatas com melhor desempenho são então escolhidas para a geração seguinte e o processo é repetido até ser identificada uma arquitetura satisfatória.
3. **NAS baseado em gradientes:** Este método formula o problema de pesquisa da arquitetura como um problema de otimização e optimiza a arquitetura utilizando a descida de gradientes. Os gradientes são calculados em função dos parâmetros da arquitetura, que podem incluir o número de camadas, o número de neurónios em cada camada e as ligações entre as camadas.

O NAS oferece várias vantagens em relação à conceção manual de arquitecturas de redes neuronais:

1. **Desempenho melhorado:** O NAS pode descobrir arquitecturas que ultrapassam as arquitecturas concebidas manualmente porque pode explorar um espaço muito mais vasto de potenciais arquitecturas do que um ser humano.
2. **Tempo de desenvolvimento reduzido:** O NAS simplifica significativamente o tempo e o esforço necessários para conceber arquitecturas de redes neuronais.

3. **Generalização:** O NAS pode identificar arquitecturas que se generalizam bem a novos dados, uma vez que o algoritmo de pesquisa não está inclinado para arquitecturas específicas.

4. **Adaptabilidade:** O NAS pode adaptar-se a diferentes tarefas e conjuntos de dados, procurando arquitecturas optimizadas para tarefas específicas.

O NAS surgiu como uma ferramenta poderosa para automatizar a conceção de modelos de aprendizagem profunda, permitindo aos investigadores e programadores criar modelos de elevado desempenho de forma mais eficiente e eficaz.

ESTRATÉGIAS DE PESQUISA:

A pesquisa de arquitetura neural (NAS) engloba uma variedade de estratégias de pesquisa para conceber automaticamente modelos de aprendizagem profunda de elevado desempenho. Estas estratégias permitem a exploração de um vasto espaço de potenciais arquitecturas e a identificação da que melhor se adequa a uma tarefa específica. Aqui está uma visão geral de algumas estratégias de pesquisa comumente usadas no NAS:

1. **Pesquisa aleatória:** Esta estratégia simples envolve a geração e avaliação aleatória de diferentes arquitecturas. Embora simples de implementar, a pesquisa aleatória pode não ser a abordagem mais eficiente, uma vez que não utiliza qualquer conhecimento ou orientação prévia.

2. **Pesquisa em grelha:** Este método avalia sistematicamente uma grelha predefinida de configurações de arquitetura, garantindo uma cobertura abrangente do espaço de pesquisa especificado. No entanto, a pesquisa em grelha pode tornar-se computacionalmente dispendiosa para grandes espaços de pesquisa.

3. **Otimização Bayesiana:** Esta abordagem utiliza um modelo probabilístico para prever o desempenho de diferentes arquitecturas. O modelo é continuamente atualizado com base na avaliação de novas arquitecturas, permitindo que o algoritmo de pesquisa dê prioridade aos candidatos promissores.

4. **Aprendizagem por reforço:** Esta técnica utiliza um algoritmo de aprendizagem por reforço para aprender a selecionar arquitecturas que maximizem o desempenho numa determinada tarefa. O algoritmo recebe feedback do desempenho da tarefa e adapta a sua estratégia de seleção em conformidade.

5. **Algoritmos evolutivos:** Esta estratégia inspira-se na seleção natural e na evolução. É gerada, avaliada e desenvolvida uma população de arquitecturas utilizando técnicas como os algoritmos genéticos ou a otimização por enxame de partículas. As arquitecturas com melhor desempenho são seleccionadas para

formar a geração seguinte, conduzindo a uma melhoria contínua.

6. **Otimização baseada em gradientes:** Esta abordagem formula o problema de pesquisa de arquitetura como um problema de otimização e optimiza a arquitetura utilizando a descida de gradiente. Os gradientes são calculados em relação aos parâmetros da arquitetura, incluindo o número de camadas, os neurónios por camada e as ligações entre camadas.

Cada estratégia de pesquisa tem os seus pontos fortes e as suas limitações, e a escolha da estratégia depende frequentemente da tarefa específica, dos recursos disponíveis e do nível de precisão pretendido.

REPRESENTAÇÃO EM REDE:

A representação de redes neurais desempenha um papel crucial na pesquisa de arquitetura neural (NAS), definindo a forma como a arquitetura de um modelo de aprendizagem profunda é codificada e manipulada durante o processo de pesquisa. Foram desenvolvidos vários esquemas de representação para captar eficazmente os aspectos estruturais e funcionais das redes neuronais:

1. **Representação de gráfico acíclico direcionado (DAG):** Esta representação representa uma rede neuronal como um gráfico acíclico direcionado (DAG), em que os nós representam camadas e as arestas direccionadas representam ligações entre camadas. O algoritmo NAS pode manipular a estrutura do gráfico adicionando, removendo ou modificando nós e arestas para explorar diferentes configurações de arquitetura.
2. **Representação de partilha de parâmetros:** Esta abordagem representa uma rede neural como uma coleção de parâmetros partilhados que são reutilizados em várias camadas. O algoritmo NAS pode ajustar o esquema de partilha de parâmetros para criar novas arquitecturas, permitindo uma exploração eficiente dos padrões de conetividade da rede.
3. **Representação de hiper-rede:** Esta representação emprega uma

O algoritmo NAS optimiza os parâmetros da hiper-rede para descobrir novas arquitecturas, permitindo a exploração de uma vasta gama de potenciais configurações de rede. O algoritmo NAS optimiza os parâmetros da hiper-rede para descobrir novas arquitecturas, permitindo a exploração de uma vasta gama de potenciais configurações de rede.

4. **Representação baseada em células:** Esta abordagem utiliza um conjunto de células predefinidas, que são pequenas sub-redes com uma estrutura fixa, para construir redes neuronais. O algoritmo NAS reúne estas células para criar novas arquitecturas, oferecendo modularidade e flexibilidade na conceção da arquitetura.
5. **Representação baseada em processo neural:** Esta representação modela uma rede neural como um processo generativo que produz os pesos para a rede.

O algoritmo NAS optimiza o processo generativo para descobrir novas arquitecturas, permitindo a exploração de estruturas de rede complexas e não tradicionais.

A escolha da representação da rede neural depende de vários factores, incluindo o método NAS específico, o nível desejado de complexidade arquitetónica e considerações de eficiência computacional. Cada representação oferece vantagens e limitações únicas, e o processo de seleção envolve frequentemente compromissos entre expressividade, eficiência e interpretabilidade.

ESTIMATIVA DE DESEMPENHO:

A estimativa do desempenho desempenha um papel fundamental na pesquisa de arquitecturas neuronais (NAS), uma vez que permite a avaliação de arquitecturas candidatas e a seleção da arquitetura mais promissora para implementação. Existem vários métodos para estimar o desempenho das arquitecturas neuronais, cada um com os seus próprios pontos fortes e limitações:

1. **Desempenho do conjunto de validação:** Este método simples envolve o treino das arquitecturas neuronais no conjunto de treino e a avaliação do seu desempenho num conjunto de validação designado. Embora simples e amplamente utilizado, pode ser computacionalmente dispendioso, especialmente com um grande conjunto de validação, e pode não representar com exatidão o desempenho em dados não vistos.
2. **Validação cruzada:** Este método divide o conjunto de dados em k subconjuntos e treina e avalia as arquitecturas neurais k vezes, utilizando um subconjunto diferente como conjunto de validação em cada iteração. Em seguida, calcula-se a média dos resultados para obter uma estimativa mais fiável do desempenho. A validação cruzada é computacionalmente exigente, mas oferece uma avaliação mais robusta do desempenho.
3. **Validação cruzada de saída:** Este método treina a arquitetura neural k vezes, deixando de fora um exemplo do conjunto de treino de cada vez, e avalia-a no exemplo deixado de fora. Fornece uma estimativa de desempenho mais precisa, mas é computacionalmente ainda mais intensivo do que a validação cruzada k-fold.
4. **Desempenho do conjunto de teste:** Este método envolve o treino das arquitecturas neuronais no conjunto de treino e a avaliação do seu desempenho num conjunto de teste separado. Fornece uma estimativa do desempenho em dados não vistos, mas requer um conjunto de teste dedicado, que pode nem sempre estar disponível.
5. **Computação Bayesiana Aproximada:** Este método utiliza um modelo probabilístico para simular o desempenho das arquitecturas neuronais. O modelo

é treinado utilizando um subconjunto do conjunto de dados e o desempenho das arquitecturas neuronais é estimado comparando os resultados simulados com os resultados reais. A computação bayesiana aproximada pode ser eficiente do ponto de vista computacional, mas pode exigir conhecimentos especializados em inferência bayesiana.

A escolha do método de estimativa do desempenho depende de vários factores, incluindo os dados disponíveis, os recursos computacionais e o nível de precisão pretendido. O desempenho do conjunto de validação é frequentemente um ponto de partida adequado devido à sua simplicidade, enquanto a validação cruzada fornece uma estimativa mais fiável quando os recursos computacionais o permitem. O desempenho do conjunto de teste é valioso quando se avalia a generalização para dados não vistos, e o cálculo bayesiano aproximado oferece uma alternativa eficiente quando os dados são limitados.

APRENDIZAGEM POR TRANSFERÊNCIA:

A aprendizagem por transferência é uma técnica poderosa de aprendizagem automática que envolve a utilização de um modelo treinado numa tarefa (tarefa de origem) como base para treinar um novo modelo numa tarefa relacionada (tarefa de destino). O princípio subjacente à aprendizagem por transferência consiste em aproveitar os conhecimentos adquiridos na tarefa de origem para melhorar o desempenho do novo modelo, reduzindo assim os requisitos de dados e o tempo de formação.

No domínio da aprendizagem profunda, a aprendizagem por transferência implica a utilização de modelos pré-treinados, normalmente treinados em conjuntos de dados extensos, como ponto de partida para a construção de um novo modelo num conjunto de dados mais pequeno. O modelo pré-treinado pode servir como um extrator de características, em que a saída de uma ou mais camadas do modelo pré-treinado é introduzida num novo modelo, que é subsequentemente treinado na tarefa-alvo. Em alternativa, o modelo pré-treinado pode ser afinado, em que os pesos de uma ou mais camadas do modelo pré-treinado são ajustados durante a formação na tarefa-alvo.

A aprendizagem por transferência oferece várias vantagens interessantes, nomeadamente:

1. **Requisitos de dados reduzidos:** Ao aproveitar o conhecimento pré-existente, a aprendizagem por transferência reduz significativamente a quantidade de dados necessários para treinar um modelo numa nova tarefa. Isto é particularmente benéfico quando se lida com dados limitados ou dispendiosos.
2. **Generalização melhorada:** A aprendizagem por transferência melhora o desempenho de generalização de um modelo, especialmente quando o modelo pré-treinado é treinado num conjunto de dados grande e diversificado. Isto

permite que o modelo se adapte melhor a dados não vistos e tenha um desempenho mais consistente em diferentes tarefas.

3. **Treino mais rápido:** A aprendizagem por transferência acelera o processo de formação de um novo modelo, inicializando-o com um modelo pré-treinado em vez de começar do zero. Isto pode poupar tempo e recursos computacionais significativos.

4. **Desempenho melhorado:** A aprendizagem por transferência pode levar a um melhor desempenho do modelo, particularmente quando a tarefa alvo partilha semelhanças com a tarefa de pré-treino. O modelo pré-treinado fornece uma base sólida de conhecimento que pode ser efetivamente aplicada à nova tarefa.

A aprendizagem por transferência surgiu como uma ferramenta valiosa para os profissionais da aprendizagem automática, permitindo-lhes criar modelos de elevado desempenho com dados reduzidos, formação mais rápida e capacidades de generalização melhoradas. Encontrou aplicações generalizadas em vários domínios, incluindo o processamento de linguagem natural, a visão por computador e o reconhecimento de voz.

RESTRIÇÃO E REGULARIZAÇÃO:

As restrições e a regularização são duas técnicas essenciais utilizadas na aprendizagem automática para combater o sobreajuste e melhorar a capacidade de generalização dos modelos. Embora ambos os métodos tenham como objetivo melhorar o desempenho do modelo, diferem na sua abordagem.

As restrições são impostas durante o treinamento para impor características específicas aos pesos do modelo. Estas restrições podem ser incorporadas no objetivo de otimização do modelo através da introdução de um termo de penalização na função de perda, que penaliza o modelo por se desviar da restrição. As restrições de peso comuns incluem a regularização L1 e L2, que promovem a esparsidade ou a pequenez dos pesos, respetivamente, e a regularização da norma máxima, que limita a norma máxima do vetor de peso. As restrições também podem ser aplicadas a outros componentes do modelo, como a entrada ou a saída, para impor propriedades específicas ou restringir o espaço de pesquisa do modelo.

A regularização, por outro lado, é uma técnica que reduz a complexidade do modelo e evita o ajuste excessivo ao incorporar um termo de penalidade na função de perda, incentivando o modelo a ter pesos menores. A regularização pode ser aplicada a qualquer componente do modelo, incluindo pesos, enviesamentos ou funções de ativação, e pode ser implementada utilizando vários termos de penalização, como a regularização L1 ou L2, desistência, paragem antecipada ou aumento de dados. A regularização ajuda a mitigar o ajuste excessivo e a melhorar a generalização do modelo, particularmente quando o número de parâmetros é grande em relação ao tamanho dos dados de treinamento.

As restrições e a regularização são técnicas complementares que podem ser combinadas para melhorar o desempenho dos modelos de aprendizagem automática. As restrições impõem propriedades específicas ao modelo, enquanto a regularização reduz a complexidade do modelo e evita o ajuste excessivo. Ao empregar ambas as técnicas, podemos criar modelos que são precisos e robustos, capazes de generalizar bem para dados não vistos.

Segue-se um resumo conciso das principais diferenças entre restrições e regularização:

Restrições:

- Aplicar propriedades específicas a pesos de modelos ou outros componentes
- Introduzido através de termos de penalização no objetivo de otimização
- Os exemplos incluem a regularização L1, L2 e max-norm
- Limitar o espaço de pesquisa do modelo

Regularização:

- Reduz a complexidade do modelo e evita o sobreajuste
- Introduzido através de termos de penalização na função de perda
- Os exemplos incluem regularização L1, L2, desistência, paragem antecipada e aumento de dados
- Incentiva a utilização de pesos mais pequenos e de modelos mais simples

Ao compreender os pontos fortes e as limitações das restrições e da regularização, podemos utilizar eficazmente estas técnicas para criar modelos de aprendizagem automática robustos e generalizáveis.

MELHORES PRÁTICAS E DESAFIOS:

Melhores práticas

1. **Garantir a qualidade dos dados:** Utilizar dados limpos e consistentes sem ruído, inconsistências e informações irrelevantes para melhorar o desempenho do modelo.
2. **Abordar a quantidade de dados:** Os modelos de PNL exigem frequentemente dados de formação substanciais. Certifique-se de que possui dados suficientes para a sua tarefa específica para treinar o modelo de forma eficaz.
3. **Aplicar o pré-processamento específico da tarefa:** Adaptar os passos de pré-processamento à tarefa específica de PNL em causa. Tarefas diferentes podem exigir técnicas de pré-processamento únicas.
4. **Selecionar um modelo adequado:** Escolha uma arquitetura de modelo que se alinhe com a tarefa em questão. Aproveite os modelos pré-treinados

disponíveis e ajuste-os para tarefas específicas.

5. **Otimizar os hiperparâmetros:** Os hiperparâmetros têm um impacto significativo no desempenho do modelo de PNL. Utilize a afinação adequada dos hiperparâmetros para melhorar significativamente o desempenho do modelo.
6. **Utilizar técnicas de regularização:** Empregar técnicas de regularização como dropout e regularização L2 para evitar o sobreajuste e melhorar a generalização do modelo.

Desafios

1. **Esparsidade dos dados:** Os dados de texto apresentam frequentemente escassez, o que significa que muitas palavras únicas aparecem com pouca frequência. Este facto pode dificultar a formação de modelos de PNL precisos.
2. **Abordar a ambiguidade:** A linguagem natural é inerentemente ambígua, o que coloca desafios aos modelos de PNL na compreensão do significado pretendido.
3. **Multilinguismo:** Os modelos de PNL podem exigir a formação em dados de várias línguas. Isto pode ser um desafio devido às variações linguísticas entre as línguas.
4. **Especificidade do domínio:** Os modelos de PNL podem ter desempenhos diferentes consoante os domínios. Os modelos treinados em dados de texto geral podem ter dificuldades em domínios especializados como o texto jurídico ou médico.
5. **Considerações éticas:** Os modelos de PNL podem extrair informações pessoais de dados de texto, o que suscita preocupações de privacidade e segurança.

Capítulo IV

APRENDIZAGEM AUTOMÁTICA DE MÁQUINAS

A aprendizagem automática de máquinas (AutoML) é uma abordagem revolucionária que automatiza o intrincado processo de aplicação da aprendizagem automática (ML) a desafios do mundo real. Esta forma de inteligência artificial (IA) simplifica a criação e a implementação de modelos de ML, minimizando a intervenção humana. O AutoML utiliza algoritmos sofisticados para automatizar vários aspectos do desenvolvimento de modelos de ML, incluindo a seleção dos algoritmos mais adequados, a realização de engenharia de características, a otimização de hiperparâmetros e, por fim, a escolha do modelo com melhor desempenho. Esta automatização permite que os cientistas de dados e os engenheiros de aprendizagem automática criem modelos superiores de forma mais eficiente, com menos recursos e a um custo significativamente mais baixo.

As técnicas de AutoML englobam algoritmos concebidos para automatizar todo o processo de desenvolvimento de modelos de ML, desde o pré-processamento de dados até à formação e avaliação de modelos. O AutoML pode ser efetivamente aplicado a uma vasta gama de tarefas de ML, incluindo classificação, regressão e agrupamento.

Principais benefícios do AutoML:

- **Eficiência aprimorada:** O AutoML simplifica significativamente o processo de desenvolvimento de modelos de ML, reduzindo o tempo e os recursos necessários para criar e implementar modelos de alto desempenho.
- **Melhoria da relação custo-eficácia:** O AutoML automatiza muitas das tarefas que consomem muito tempo e recursos associados ao desenvolvimento de modelos de ML, o que leva a uma redução substancial dos custos.
- **Elevada precisão do modelo:** Os algoritmos AutoML podem identificar algoritmos óptimos, técnicas de engenharia de características e configurações de hiperparâmetros, resultando frequentemente em modelos ML mais precisos e robustos.
- **Maior acessibilidade:** O AutoML democratiza a ciência de dados ao permitir que indivíduos com conhecimentos limitados de ML construam e implementem modelos ML eficazes.

Técnicas comuns de AutoML:

- **Algoritmos genéticos:** Estes algoritmos imitam os processos de seleção natural para identificar soluções óptimas dentro de um espaço de pesquisa, normalmente aplicados à otimização de hiperparâmetros.
- **Otimização Bayesiana:** Esta técnica utiliza modelos probabilísticos para

otimizar os hiperparâmetros, equilibrando a exploração e o aproveitamento para encontrar a melhor solução de forma eficiente.

- **Aprendizagem por reforço:** Esta abordagem utiliza um processo de aprendizagem por tentativa e erro para otimizar os parâmetros e estratégias do modelo, particularmente útil em ambientes complexos.

Plataformas e ferramentas populares de ML para automóveis:

- **Google Cloud Auto ML:** uma plataforma baseada na nuvem que fornece uma gama de capacidades de Auto ML para várias tarefas de ML.
- **H2O.ai:** Uma plataforma de código aberto que oferece um conjunto abrangente de funcionalidades de Auto ML para tarefas de aprendizagem supervisionadas e não supervisionadas.
- **Robô de dados:** Uma plataforma comercial de Auto ML que automatiza todo o processo de desenvolvimento de modelos ML, desde a preparação dos dados até à implementação do modelo.

Seleção de modelos ML tradicional vs. automática e afinação de hiperparâmetros:

A aprendizagem automática tradicional baseia-se na opinião de peritos e em métodos de tentativa e erro para selecionar algoritmos e hiperparâmetros. O AutoML, por outro lado, automatiza este processo utilizando vários algoritmos e técnicas. O AutoML pode identificar eficazmente o melhor algoritmo e os melhores hiperparâmetros para um determinado problema, ajudando também a evitar o sobreajuste e a melhorar o desempenho da generalização do modelo.

Tipos de técnicas de AutoML:

- **AutoML de Aprendizagem Supervisionada:** Utiliza dados rotulados para guiar a automatização da seleção de modelos e afinação de hiperparâmetros.
- **AutoML de aprendizagem não supervisionada:** Utiliza dados não rotulados para automatizar a seleção de modelos e o processo de afinação de hiperparâmetros.
- **AutoML de aprendizagem por reforço:** Aproveita as interacções de tentativa e erro com o ambiente para otimizar os parâmetros e estratégias do modelo.

Limitações do AutoML:

- **Interpretabilidade:** Os modelos AutoML podem, por vezes, ser menos interpretáveis do que os modelos construídos manualmente, dificultando a compreensão da forma como chegam às suas previsões.
- **Potencial enviesamento:** A seleção automatizada de características e hiperparâmetros pode introduzir enviesamento no modelo, particularmente se os dados subjacentes forem enviesados.

A aprendizagem automática de máquinas surgiu como uma ferramenta poderosa que está a revolucionar o campo da aprendizagem automática, automatizando muitas das tarefas complexas e morosas envolvidas no desenvolvimento de modelos. O AutoML tem o potencial de democratizar a aprendizagem automática, tornando-a mais acessível a um público mais vasto e permitindo que mais pessoas aproveitem o poder da aprendizagem automática para resolver problemas do mundo real.

HISTÓRIA:

As raízes da aprendizagem automática de máquinas (AutoML) remontam a meados do século XX, quando a inteligência artificial (IA) e a aprendizagem automática (ML) surgiram como campos de estudo distintos. No entanto, o conceito de automatização do processo de aprendizagem automática só ganhou força na última década.

Um momento crucial no desenvolvimento do AutoML ocorreu em 2013, quando investigadores da Universidade da Califórnia, em Berkeley, apresentaram o Auto-Weka, um algoritmo que automatizava a seleção e otimização de algoritmos de aprendizagem automática. Este avanço demonstrou a viabilidade de automatizar a engenharia de características, um passo crucial na construção de modelos de aprendizagem automática.

Em 2015, os investigadores da Google revelaram o Automated Machine Learning-Zero (AutoML-Zero), um sistema que utilizava algoritmos evolutivos para descobrir novas arquitecturas de aprendizagem automática a partir do zero. Esta abordagem inovadora marcou um passo significativo no sentido da automatização de toda a cadeia de aprendizagem automática.

O domínio da AutoML continuou a avançar rapidamente nos anos seguintes. Em 2017, a equipa Brain da Google apresentou o NASNet, um algoritmo de pesquisa de arquitetura neural que ultrapassou o desempenho de redes neurais concebidas manualmente em tarefas de classificação de imagens. Estes avanços realçaram o potencial do AutoML para gerar modelos de aprendizagem automática mais eficientes e eficazes.

O aumento do interesse no AutoML levou ao desenvolvimento de várias ferramentas e plataformas de AutoML. Em 2018, a Google lançou a Cloud Automated Machine Learning, uma plataforma que permitia às empresas criar modelos personalizados de aprendizagem automática sem conhecimentos extensivos de ML. Isto democratizou o acesso ao AutoML, tornando-o mais acessível a um maior número de utilizadores.

Atualmente, o AutoML continua a ser um domínio dinâmico com inovação contínua. À medida que as empresas procuram cada vez mais aproveitar o poder da aprendizagem automática, o AutoML está a tornar-se uma ferramenta essencial para extrair informações valiosas dos dados e otimizar as operações.

Em resumo, o AutoML surgiu como uma força transformadora no cenário do aprendizado de máquina, automatizando vários aspectos do processo de desenvolvimento de modelos e permitindo a criação de modelos mais eficientes e eficazes. À medida que o campo continua a evoluir, o AutoML está pronto para desempenhar um papel ainda mais proeminente na formação do futuro das aplicações de aprendizado de máquina.

ESTADO ACTUAL DA ARTE:

A Aprendizagem Automática de Máquinas (AutoML) tem sofrido avanços significativos nos últimos anos, com o desenvolvimento de novas técnicas e ferramentas que revolucionaram o campo. O atual estado da arte em AutoML engloba vários avanços notáveis:

1. **Pesquisa de Arquitetura Neural (NAS):** Os algoritmos NAS surgiram como ferramentas poderosas para identificar automaticamente a arquitetura óptima da rede neural para uma determinada tarefa. Estudos recentes demonstraram que as redes geradas por NAS podem superar as arquitecturas concebidas manualmente numa série de conjuntos de dados de referência.
2. **Meta-aprendizagem:** Os algoritmos de meta-aprendizagem têm a capacidade de aprender a adaptar-se rapidamente a novas tarefas, tirando partido dos conhecimentos adquiridos em tarefas anteriores. Esta abordagem reduz drasticamente o tempo e os recursos computacionais necessários para desenvolver novos modelos de aprendizagem automática.
3. **Otimização Bayesiana:** A otimização Bayesiana é uma técnica de otimização poderosa que utiliza modelos probabilísticos para explorar eficazmente o espaço de hiperparâmetros dos modelos de aprendizagem automática. Isto permite que o algoritmo identifique o conjunto ótimo de hiperparâmetros com menos tentativas e maior eficiência.
4. **Aprendizagem por reforço:** A aprendizagem por reforço tem sido aplicada para otimizar os hiperparâmetros dos modelos de aprendizagem automática, enquadrando o processo como um problema sequencial de tomada de decisões. Os algoritmos de aprendizagem por reforço podem aprender estratégias eficazes para ajustar os hiperparâmetros de modo a maximizar o desempenho do modelo.
5. **Plataformas automatizadas de aprendizagem automática:** Várias empresas desenvolveram plataformas AutoML de fácil utilização que permitem a não especialistas criar modelos de aprendizagem automática de forma rápida e eficiente. Estas plataformas fornecem uma interface gráfica de utilizador e automatizam muitos dos aspectos entediantes e demorados do processo de aprendizagem automática, tornando-a mais acessível a um público mais vasto.

Estes avanços expandiram significativamente as capacidades do AutoML, permitindo o desenvolvimento de modelos de aprendizagem automática mais sofisticados e eficazes, com maior eficiência e menor dependência de conhecimentos especializados.

O AutoML está preparado para desempenhar um papel cada vez mais crucial no futuro das aplicações de aprendizagem automática.

NECESSIDADE DE APRENDIZAGEM AUTOMÁTICA DE MÁQUINAS:

As razões pelas quais a aprendizagem automática de máquinas (AutoML) está a tornar-se cada vez mais importante:

1. **Eficiência aprimorada:** O AutoML simplifica significativamente o processo de aprendizado de máquina, automatizando várias tarefas, como pré-processamento de dados, seleção de modelos e ajuste de hiperparâmetros. Esta automatização liberta o tempo e os recursos dos cientistas de dados, permitindo-lhes concentrarem-se em tarefas mais complexas e na resolução de problemas estratégicos.
2. **Escalabilidade aprimorada:** Com o aumento constante do volume e da complexidade dos dados, o AutoML permite que as organizações escalem suas iniciativas de aprendizado de máquina de forma eficaz. Os algoritmos do AutoML podem lidar com grandes conjuntos de dados de forma eficiente, extraindo insights e padrões que seriam impraticáveis ou impossíveis de identificar manualmente.
3. **Democratização do aprendizado de máquina:** O AutoML elimina as barreiras à entrada no domínio da aprendizagem automática, tornando-a mais acessível a indivíduos e organizações com conhecimentos limitados de aprendizagem automática. As plataformas AutoML fornecem interfaces de fácil utilização e automatizam muitos dos aspectos intrincados do processo de aprendizagem automática, permitindo a um maior número de utilizadores tirar partido do poder da aprendizagem automática.
4. **Desempenho melhorado do modelo:** Os algoritmos de AutoML podem muitas vezes superar os modelos projectados manualmente devido à sua capacidade de explorar uma gama mais ampla de modelos e configurações de hiperparâmetros. Ao automatizar o processo de ajuste de hiperparâmetros, o AutoML pode otimizar os modelos de forma mais eficaz, levando a uma maior precisão e generalização.
5. **Reprodutibilidade garantida:** O AutoML garante que todo o pipeline de aprendizagem automática, desde o pré-processamento de dados até à seleção de modelos, é documentado e reprodutível. Essa reprodutibilidade é crucial para a pesquisa científica, a conformidade regulatória e a garantia da validade dos modelos de aprendizado de máquina.

O AutoML está se tornando cada vez mais importante no campo do aprendizado de máquina devido à sua capacidade de economizar tempo, melhorar a escalabilidade, democratizar o campo, melhorar o desempenho do modelo e garantir a reprodutibilidade. À medida que o aprendizado de máquina continua a evoluir e permear vários setores, o AutoML está pronto para desempenhar um papel ainda mais significativo, permitindo que as organizações aproveitem o poder dos dados e tomem decisões informadas.

DESAFIOS DA APRENDIZAGEM AUTOMÁTICA DE MÁQUINAS:

Os desafios associados à aprendizagem automática de máquinas (AutoML):

Qualidade dos dados: O AutoML depende muito de dados de alta qualidade para treinar modelos de aprendizado de máquina precisos e confiáveis. A má qualidade dos dados, como inconsistências, ruídos e informações irrelevantes, pode levar a modelos tendenciosos ou modelos que não conseguem generalizar de forma eficaz para dados não vistos. A resolução dos problemas de qualidade dos dados antes de aplicar o AutoML é crucial para garantir a validade e a robustez dos modelos resultantes.

Seleção de algoritmos: A escolha do algoritmo mais adequado para uma tarefa específica é fundamental para a criação de modelos eficazes. No entanto, o desempenho de diferentes algoritmos pode variar significativamente em função da tarefa, das características dos dados e de outros factores. A seleção automática de algoritmos continua a ser uma área de investigação ativa e os métodos actuais podem nem sempre identificar o algoritmo ideal para um determinado problema.

Otimização de hiperparâmetros: Os hiperparâmetros são as definições que controlam o processo de formação dos modelos de aprendizagem automática. Encontrar o conjunto ideal de hiperparâmetros para um determinado modelo pode ser uma tarefa demorada e computacionalmente cara. O AutoML pode automatizar o ajuste de hiperparâmetros, mas ainda assim pode exigir recursos computacionais significativos e pode nem sempre identificar a melhor configuração de hiperparâmetros.

Interpretabilidade: Os modelos gerados por AutoML podem por vezes ser complexos e opacos, dificultando a compreensão da forma como chegam às suas previsões. Esta falta de interpretabilidade pode colocar desafios na compreensão do raciocínio do modelo, na identificação de potenciais enviesamentos e na obtenção de confiança no processo de tomada de decisão do modelo.

Sobreajuste: Os modelos de AutoML podem, por vezes, ajustar-se demasiado aos dados de treino, o que significa que têm um bom desempenho nos dados utilizados para treino, mas um fraco desempenho em dados novos e não vistos. O ajuste excessivo pode ocorrer devido a vários fatores, como a seleção de modelos muito complexos ou dados de treinamento insuficientes. As técnicas de regularização e a paragem precoce podem ajudar a mitigar o sobreajuste e melhorar a generalização do modelo.

Falta de transparência: Por vezes, o AutoML pode ser visto como uma abordagem de "caixa negra", em que o utilizador tem um controlo limitado sobre o processo de construção do modelo e não tem transparência sobre a forma como o modelo está a ser construído. Esta falta de transparência pode impedir a compreensão do processo de tomada de decisão do modelo e dificultar a identificação de potenciais enviesamentos ou erros.

A resolução destes desafios é crucial para garantir que o AutoML é utilizado de forma responsável e eficaz. Ao desenvolver técnicas para lidar com dados de baixa qualidade, melhorar a seleção automatizada de algoritmos, melhorar os algoritmos de otimização de hiperparâmetros, promover modelos interpretáveis e fornecer mais transparência ao processo do AutoML, podemos aproveitar o poder do AutoML e, ao mesmo tempo, mitigar as suas limitações.

POTENCIAL DA APRENDIZAGEM AUTOMÁTICA DE MÁQUINAS:

Os potenciais benefícios e limitações da aprendizagem automática de máquinas (AutoML):

1. **Eficiência aprimorada:** O AutoML simplifica significativamente o processo de aprendizagem automática, automatizando várias tarefas, incluindo a seleção de modelos, a afinação de hiperparâmetros e a engenharia de características. Essa automação libera o tempo e os recursos dos cientistas de dados, permitindo que eles se concentrem em aspectos mais complexos do processo de modelagem.
2. **Melhoria da precisão do modelo:** Os algoritmos de AutoML podem explorar uma gama mais ampla de modelos e configurações de hiperparâmetros do que as abordagens manuais, aumentando a probabilidade de identificar o modelo ideal para uma determinada tarefa. Isto pode levar a uma melhor precisão do modelo e desempenho de generalização.
3. **Democratização do aprendizado de máquina:** O AutoML fornece interfaces fáceis de utilizar e automatiza muitos dos aspectos complexos da aprendizagem automática, tornando-a mais acessível a indivíduos e organizações com conhecimentos limitados de aprendizagem automática. Esta democratização da aprendizagem automática permite que um maior número de utilizadores aproveite o poder das informações baseadas em dados.
4. **Escalabilidade:** O AutoML pode lidar com conjuntos de dados grandes e complexos de forma eficiente, permitindo que as organizações analisem grandes quantidades de dados e extraiam insights significativos. Essa escalabilidade é particularmente valiosa para organizações que lidam com desafios de Big Data.
5. **Personalização e melhoria contínua:** O AutoML permite a criação de

modelos personalizados de aprendizagem automática adaptados a necessidades comerciais específicas ou a questões de investigação. Além disso, os modelos do AutoML podem ser continuamente optimizados e melhorados ao longo do tempo, conduzindo a resultados melhores e mais precisos à medida que novos dados ficam disponíveis.

Limitações da aprendizagem automática de máquinas:

- **Desafios de interpretabilidade:** Os modelos gerados por AutoML podem, por vezes, ser complexos e opacos, dificultando a compreensão da forma como chegam às suas previsões. Esta falta de interpretabilidade pode impedir a compreensão do processo de tomada de decisão do modelo, a identificação de potenciais enviesamentos e a obtenção de confiança nos resultados do modelo.
- **Potencial de enviesamento:** Os algoritmos de AutoML podem introduzir enviesamento no modelo devido à seleção automática de características e hiperparâmetros. Este enviesamento pode resultar de enviesamentos inerentes aos dados de treino ou dos próprios algoritmos.
- **Personalização limitada além de um determinado ponto:** Os algoritmos de AutoML podem não permitir a personalização do modelo para além de um determinado ponto, o que pode limitar a sua utilidade em algumas aplicações que requerem um controlo mais fino sobre a arquitetura do modelo ou o processo de formação.
- **Abordagem de caixa preta e falta de transparência:** Por vezes, o AutoML pode ser visto como uma abordagem de "caixa negra", em que os utilizadores têm um controlo limitado sobre o processo de construção do modelo e não têm transparência sobre a forma como o modelo está a ser construído. Essa falta de transparência pode impedir a compreensão do processo de tomada de decisão do modelo e dificultar a identificação de possíveis erros ou vieses.
- **Requisitos de dados:** Os algoritmos de AutoML requerem frequentemente uma grande quantidade de dados de alta qualidade para terem um bom desempenho. Este requisito de dados pode ser uma limitação para algumas aplicações com disponibilidade limitada de dados ou preocupações com a privacidade dos dados.

Apesar destas limitações, o AutoML tem um enorme potencial para revolucionar a forma como os modelos de aprendizagem automática são construídos e aplicados. Ao abordar os desafios da interpretabilidade, do enviesamento e dos requisitos de dados, o AutoML pode tornar-se uma ferramenta valiosa para as organizações que procuram aproveitar o poder da aprendizagem automática para resolver problemas do mundo real

MELHORES PRÁTICAS E DESAFIOS:

Melhores práticas para projectos de aprendizagem automática bem sucedidos:

1. **Dar prioridade à qualidade dos dados:** Utilizar dados de alta qualidade que sejam exactos, completos e representativos do problema que está a ser tratado. A qualidade dos dados é crucial para a criação de modelos de aprendizagem automática fiáveis e eficazes.
2. **Criar características eficazes:** A engenharia de características é um passo crítico na aprendizagem automática. Seleccione e crie cuidadosamente características relevantes que captem os padrões e relações subjacentes nos dados. As características bem elaboradas podem melhorar significativamente o desempenho dos modelos de aprendizagem automática.
3. **Escolha o modelo correto:** Seleccione um modelo de aprendizagem automática adequado que se alinhe com o problema que está a ser resolvido. Considere factores como a complexidade do modelo, o tamanho dos dados e o resultado pretendido ao escolher o modelo. A seleção do modelo correto pode levar a uma maior precisão e desempenho de generalização.
4. **Utilizar técnicas de regularização:** Aplicar técnicas de regularização para evitar o sobreajuste, em que o modelo se ajusta demasiado aos dados de treino, levando a um fraco desempenho em novos dados. As técnicas de regularização podem ajudar a melhorar a generalização dos modelos de aprendizagem automática.
5. **Esforço para a interpretabilidade do modelo:** Dê preferência a modelos de aprendizagem automática que sejam interpretáveis e que possam explicar o raciocínio subjacente às suas previsões. Esta interpretabilidade é crucial para compreender o processo de tomada de decisão do modelo, identificar potenciais enviesamentos e ganhar confiança nos resultados do modelo.

Desafios associados aos projectos de aprendizagem automática:

- **Garantir a qualidade dos dados:** A manutenção de dados de alta qualidade pode ser um desafio devido a potenciais problemas como incompletude, inconsistências ou enviesamentos. A resolução dos problemas de qualidade dos dados é essencial para a criação de modelos fiáveis de aprendizagem automática.
- **Experiência em engenharia de características:** Uma engenharia de características eficaz requer conhecimentos especializados no domínio e criatividade para identificar características relevantes que captem os padrões subjacentes nos dados. Esta experiência pode ser um fator limitativo para alguns projectos de aprendizagem automática.
- **Dilemas da seleção de modelos**: A escolha do modelo de aprendizagem automática mais adequado pode ser um desafio devido à diversidade de modelos com diferentes pontos fortes e fracos. A seleção do modelo ideal requer uma

análise cuidadosa do problema, dos dados e dos resultados pretendidos.

- **Combater o sobreajuste:** O sobreajuste pode prejudicar significativamente a generalização dos modelos de aprendizagem automática. A utilização de técnicas de regularização e a avaliação cuidadosa do desempenho do modelo em dados não vistos podem ajudar a atenuar o sobreajuste.
- **Interpretação de modelos complexos**: Alguns modelos de aprendizagem automática, como os modelos de aprendizagem profunda, podem ser complexos e difíceis de interpretar. Esta falta de interpretabilidade pode dificultar a compreensão do processo de tomada de decisão do modelo e a identificação de potenciais enviesamentos.

A resolução destes desafios é crucial para a criação de projectos de aprendizagem automática bem sucedidos que produzam resultados precisos e fiáveis. Ao implementar as melhores práticas, tais como verificações da qualidade dos dados, engenharia de características eficaz e seleção cuidadosa de modelos, a aprendizagem automática pode ser uma ferramenta poderosa para resolver problemas do mundo real.

Capítulo V

MOTORIZAÇÃO DE CARACTERÍSTICAS

As etapas envolvidas na engenharia de características e os tipos de técnicas de aprendizagem automática de máquinas:

Etapas da engenharia de características:

1. **Seleção de características:** Identificar as características mais relevantes dos dados disponíveis, descartando as que são redundantes ou irrelevantes para a tarefa em causa.
2. **Escalonamento de características:** Normalização ou padronização de características numéricas para garantir que têm escalas semelhantes, melhorando o desempenho de algoritmos de aprendizagem automática baseados na distância e no gradiente.
3. **Codificação de características:** Conversão de variáveis categóricas em representações numéricas que podem ser processadas por algoritmos de aprendizagem automática, utilizando técnicas como a codificação de um ponto, a codificação de etiquetas ou a codificação binária.
4. **Transformação de características:** Aplicação de funções ou operações matemáticas para criar novas características que sejam mais informativas ou discriminativas, utilizando técnicas como características polinomiais, transformação logarítmica ou redução da dimensionalidade.
5. **Extração de características:** Obtenção de novas características a partir de dados brutos que são mais relevantes para a tarefa em questão, utilizando técnicas como a extração de características de texto, extração de características de imagem ou processamento de sinais.
6. **Construção de elementos:** Combinação de características existentes ou criação de novas características com base no conhecimento do domínio ou na intuição, utilizando técnicas como interacções de características, agregação de características ou geração de características.

Tipos de técnicas de aprendizagem automática de máquinas (AutoML):

AutoML de aprendizagem supervisionada: Automatiza o processo de seleção de modelos, afinação de hiperparâmetros e engenharia de características para tarefas de aprendizagem supervisionada, em que o conjunto de dados é rotulado com a variável alvo. Os exemplos incluem otimização Bayesiana, algoritmos genéticos e pesquisa aleatória.

AutoML de aprendizagem não supervisionada: Automatiza o processo de seleção do melhor algoritmo e hiperparâmetros para tarefas de aprendizagem não supervisionada, em que o conjunto de dados não está identificado. Os exemplos incluem agrupamento, redução de dimensionalidade e modelos generativos.

AutoML de aprendizagem por reforço: Automatiza o processo de seleção do melhor algoritmo e hiperparâmetros para tarefas de aprendizagem por reforço, em que o modelo de aprendizagem automática aprende por tentativa e erro a maximizar uma função de recompensa cumulativa. Os exemplos incluem Q-learning, métodos de gradiente de política e algoritmos de ator-crítico.

De um modo geral, a engenharia de características desempenha um papel crucial na aprendizagem automática, transformando dados brutos em características informativas e discriminativas que melhoram o desempenho dos modelos de aprendizagem automática. As técnicas de aprendizagem automática de máquinas oferecem ferramentas valiosas para automatizar vários aspectos da engenharia de características, tornando-a mais acessível e eficiente.

SELECÇÃO AUTOMÁTICA DE CARACTERÍSTICAS:

A seleção automatizada de características (AFS) é uma técnica crucial na aprendizagem automática que envolve a identificação e seleção do subconjunto de características mais relevante de um conjunto maior. Este processo de seleção desempenha um papel fundamental na melhoria do desempenho do modelo, reduzindo o sobreajuste, melhorando a interpretabilidade e minimizando os custos computacionais durante o treino do modelo.

Métodos AFS comuns:

1. Métodos de filtro: Estes métodos baseiam-se em medidas estatísticas para avaliar a relevância das características, independentemente do modelo de aprendizagem automática. Os exemplos incluem a correlação, a informação mútua e os testes de qui-quadrado.
2. Métodos de envolvimento: Estes métodos utilizam o desempenho do próprio modelo de aprendizagem automática para avaliar a importância das características. Avaliam iterativamente o desempenho do modelo com diferentes subconjuntos de características, seleccionando o subconjunto que produz o melhor desempenho.
3. Métodos incorporados: Estes métodos integram a seleção de características no processo de formação do modelo, seleccionando e utilizando dinamicamente as características mais relevantes durante a formação.

Seleção de características baseada em filtros (FFS)

A seleção de características baseada em filtros é uma técnica AFS simples mas eficaz que utiliza medidas estatísticas para determinar a relevância das características. É computacionalmente eficiente e pode ser aplicada independentemente do modelo de aprendizagem automática.

Principais etapas do FFS:

1. Cálculo do índice de pontuação: Calcular uma métrica de pontuação, como a correlação de Pearson, a informação mútua ou o qui-quadrado, para cada

caraterística do conjunto de dados.

2. Classificação de características: Classificar as características com base nas suas pontuações correspondentes, sendo que as características com pontuações mais elevadas indicam maior relevância.

3. Seleção de características: Selecionar as K características principais da lista classificada como entrada para o modelo de aprendizagem automática.

Benefícios do FFS:

1. Redução da dimensionalidade: A FFS reduz o número de características, simplificando o modelo e melhorando potencialmente o seu desempenho.

2. Aumento da exatidão: Ao selecionar características relevantes, a FFS pode contribuir para melhorar a precisão do modelo e reduzir o ruído.

3. Prevenção de sobreajuste: O FFS ajuda a evitar o sobreajuste, eliminando características irrelevantes ou redundantes que podem levar o modelo a memorizar os dados de treino em vez de generalizar bem para dados não vistos.

Limitações do FFS:

1. Negligência da interação das características: As FFS podem não captar as interacções entre características, negligenciando potencialmente características que são relevantes em combinação com outras.

2. Relação negligenciada: A FFS pode não considerar a relação entre as próprias características, seleccionando características que estão altamente correlacionadas mas que podem não fornecer informações únicas.

Recomendações:

- Técnicas combinadas: Utilizar a seleção de características com base em filtros em conjunto com outras técnicas, como a seleção de características com base em invólucros ou incorporadas, para obter uma compreensão mais abrangente da relevância das características.
- Integração do conhecimento do domínio: Incorporar o conhecimento e a experiência do domínio para orientar o processo de seleção de características, assegurando que as características seleccionadas estão alinhadas com o problema em questão.

SELECÇÃO DE CARACTERÍSTICAS COM BASE NO WRAPPER :

A seleção de características baseada no invólucro (WFS) é um método de seleção de características proeminente que utiliza o desempenho de um modelo de aprendizagem automática para identificar o subconjunto de características mais relevante. Ao contrário dos métodos baseados em filtros, que se baseiam em medidas estatísticas, o WFS avalia diretamente o desempenho do modelo com diferentes combinações de características para selecionar o subconjunto ideal.

Principais etapas da FSM:

1. **Seleção do subconjunto inicial de características:** Selecionar um conjunto inicial de características, seja uma única caraterística ou um pequeno grupo de características.

2. **Formação do modelo e avaliação do desempenho:** Treinar o modelo utilizando o subconjunto selecionado e avaliar o seu desempenho num conjunto de dados de validação.

3. **Implementação do algoritmo de pesquisa:** Utilizar um algoritmo de pesquisa, como a seleção progressiva, a eliminação regressiva ou a eliminação recursiva de características, para adicionar ou remover iterativamente características do subconjunto e avaliar o desempenho do modelo após cada iteração.

4. **Definição do critério de paragem:** Estabelecer um critério de paragem, tal como atingir um número predeterminado de características ou atingir um desempenho máximo, para parar o processo de pesquisa.

Vantagens da WFS:

1. Seleção específica do modelo: O WFS selecciona características que são especificamente óptimas para o modelo de aprendizagem automática escolhido, tendo em conta a estrutura do modelo e as interacções entre características.

2. Seleção orientada para o desempenho: O WFS avalia diretamente o impacto da seleção de características no desempenho do modelo, assegurando que as características seleccionadas contribuem para melhorar a precisão ou a generalização.

Limitações do WFS:

Despesa computacional: A WFS é computacionalmente intensiva, uma vez que envolve o treino do modelo várias vezes com diferentes combinações de características.

Risco de sobreajuste: O WFS pode ser suscetível de sobreajuste se o conjunto de dados de validação não for cuidadosamente escolhido e se o modelo for demasiado complexo.

Aplicações de WFS:

1. **Dados de alta dimensão:** A WFS é particularmente útil para dados de elevada dimensão, em que a seleção de um subconjunto mais pequeno de características relevantes pode reduzir significativamente os custos computacionais e melhorar o desempenho do modelo.

2. **Modelos complexos:** O WFS é adequado para modelos complexos de aprendizagem automática, como modelos de aprendizagem profunda, em que as interacções de características desempenham um papel significativo no desempenho do modelo.

Combinação de WFS com outros métodos:

- **Seleção baseada em filtros:** A combinação da WFS com a seleção baseada em filtros pode proporcionar uma compreensão mais abrangente da relevância das características, tirando partido das medidas estatísticas e do desempenho específico do modelo.
- **Integração do conhecimento do domínio:** A incorporação de conhecimentos e experiência no domínio pode orientar o processo de seleção de características, garantindo que as características seleccionadas estão alinhadas com o problema em questão.

A seleção de características baseada em wrappers é uma técnica poderosa para identificar o subconjunto de características mais relevante para um modelo específico de aprendizagem automática, particularmente para modelos complexos e dados de elevada dimensão. No entanto, o seu custo computacional e o potencial de sobreajuste devem ser cuidadosamente considerados.

SELECÇÃO DE CARACTERÍSTICAS INCORPORADAS:

A seleção de características incorporada é um método de seleção de características que envolve a realização da seleção de características durante o processo de formação de um modelo de aprendizagem automática. Chama-se "incorporada" porque o processo de seleção de características está incorporado no algoritmo de treino do modelo.

A ideia básica da seleção de características incorporada consiste em utilizar um algoritmo de aprendizagem automática que selecciona automaticamente as características mais relevantes durante a formação. Isto é feito através da incorporação do processo de seleção de características na otimização dos parâmetros do modelo. Os exemplos mais comuns de seleção de características incorporadas são as técnicas de regularização, como a regressão Lasso e Ridge.

As técnicas de regularização são utilizadas para penalizar o modelo por ter demasiadas características ou características que têm pouco impacto na variável-alvo. Essas técnicas adicionam um termo de penalidade à função de perda que é minimizada durante o treinamento. O termo de penalização é uma função da magnitude dos coeficientes do modelo e incentiva o modelo a selecionar apenas as características mais relevantes.

Alguns outros exemplos de técnicas de seleção de características incorporadas são:

1. Métodos baseados na árvore de decisão: Estes métodos envolvem a seleção das características mais importantes com base nas divisões da árvore de decisão durante o treino. As características que conduzem à maior redução da impureza da variável-alvo são consideradas as mais importantes.
2. Métodos baseados em Gradient Boosting: Estes métodos envolvem a seleção das características mais importantes com base na sua contribuição para a

melhoria da função de perda durante o treino. As características que conduzem à maior redução da função de perda são consideradas as mais importantes.

SELECÇÃO DE CARACTERÍSTICAS MULTI-OBJECTIVO:

A seleção multiobjectivo de características (MOFS) afasta-se das abordagens tradicionais de seleção de características que se centram num único objetivo, como a maximização da precisão da classificação. Em vez disso, a MOFS considera vários objectivos simultaneamente, permitindo uma avaliação mais abrangente da relevância das características e possibilitando a seleção de subconjuntos de características que equilibram vários critérios de desempenho.

Princípios fundamentais do MOFS:

Avaliação multifacetada: O MOFS avalia os subconjuntos de características com base em múltiplos objectivos, reflectindo a natureza complexa dos problemas de aprendizagem automática do mundo real.

Otimização de compromissos: O MOFS procura soluções que atinjam um equilíbrio entre objectivos concorrentes, reconhecendo que a melhoria de um objetivo pode ser feita à custa de outro.

Diversas soluções: O MOFS gera um conjunto de soluções Pareto-ótimas, cada uma representando um trade-off distinto entre objectivos, fornecendo uma gama de opções para o utilizador escolher.

Principais etapas do MOFS:

1. **Definição de objectivos:** Definir claramente os objectivos relevantes para o problema específico em questão. Os objectivos comuns incluem a precisão, a eficiência computacional e a interpretabilidade.
2. **Geração de subconjuntos de características candidatas:** Utilizar um algoritmo de pesquisa, como os algoritmos genéticos ou a otimização por enxame de partículas, para gerar um conjunto diversificado de subconjuntos de características candidatas. O algoritmo de pesquisa deve ter em conta múltiplos objectivos e produzir soluções que sejam óptimas em termos de diferentes critérios.
3. **Avaliação dos candidatos:** Avaliar os subconjuntos de características candidatos utilizando os objectivos definidos. Isto envolve a formação de um modelo de aprendizagem automática num conjunto de dados de validação e a avaliação do desempenho de cada subconjunto em termos de precisão, custo computacional e interpretabilidade.
4. **Seleção Pareto-óptima:** Identificar as soluções Pareto-ótimas, que representam o conjunto de soluções em que nenhum objetivo pode ser melhorado sem piorar pelo menos um outro objetivo. Estas soluções representam as melhores soluções de compromisso entre os objectivos definidos.

5. **Seleção da solução:** Com base nos trade-offs entre os objectivos, escolher a solução Pareto-óptima que melhor se alinha com os requisitos específicos do problema. Esta solução selecionada fornece um subconjunto de características que optimiza vários critérios de desempenho.

Vantagens do MOFS:

- Seleção holística de características: O MOFS considera vários aspectos da relevância das características, levando a uma compreensão mais abrangente da importância das características.
- Análise de trade-off: O MOFS fornece informações sobre os trade-offs entre diferentes objectivos, permitindo uma tomada de decisão informada ao selecionar o subconjunto de características mais adequado.
- Flexibilidade: O MOFS pode ser adaptado a várias tarefas de aprendizagem automática e domínios problemáticos, o que o torna uma ferramenta versátil para a seleção de características.

Aplicações do MOFS:

- Dados de alta dimensão: O MOFS é particularmente útil para conjuntos de dados de elevada dimensão, onde a seleção de características com base em múltiplos critérios pode melhorar significativamente o desempenho do modelo e reduzir a complexidade computacional.
- Modelos complexos: O MOFS é adequado para modelos complexos de aprendizagem automática, como redes neurais profundas, em que as interacções de características e a interpretabilidade são considerações importantes.
- Aplicações com recursos limitados: O MOFS pode ajudar a identificar subconjuntos de características que equilibram a precisão com a eficiência computacional, tornando-o valioso para aplicações com recursos limitados.

A seleção de características multi-objetivo oferece uma abordagem poderosa e versátil à seleção de características na aprendizagem automática. Ao considerar vários objectivos em simultâneo, a MOFS pode identificar subconjuntos de características que atingem um equilíbrio entre os critérios de desempenho e fornecer uma avaliação mais abrangente da relevância das características.

SELECÇÃO DE CARACTERÍSTICAS PARA DADOS DE ALTA DIMENSÃO: A seleção de características desempenha um papel crucial na aprendizagem automática, particularmente quando se lida com conjuntos de dados de alta dimensão, em que o número de características excede largamente o número de amostras. Os métodos tradicionais de seleção de características podem ter dificuldades com dados de elevada dimensão devido a limitações computacionais ou à "maldição da dimensionalidade", em que o desempenho do modelo se deteriora à medida que o número de características aumenta.

Enfrentar o desafio:

Para selecionar eficazmente características relevantes a partir de dados de elevada dimensão, surgiram várias técnicas especializadas:

1. **Métodos baseados em regressão esparsa:** Estes métodos, como o Lasso e o Elastic Net, utilizam técnicas de regularização para promover a esparsidade no processo de seleção de características. Ao penalizar o modelo por incorporar características excessivas ou redundantes, estes métodos identificam as características mais influentes que afectam significativamente a variável alvo.
2. **Análise de componentes principais (PCA):** A PCA transforma os dados de elevada dimensão num espaço de dimensão inferior utilizando técnicas de álgebra linear. Ao identificar os componentes principais, que captam a variação mais significativa dos dados, a PCA reduz a dimensionalidade, preservando a informação essencial. Estes componentes podem então servir como características para o modelo de aprendizagem automática.
3. **Florestas aleatórias:** As florestas aleatórias, um método de conjunto, constroem um conjunto de árvores de decisão e utilizam pontuações de importância das características para selecionar as características mais relevantes. Estas pontuações reflectem a redução da impureza da variável-alvo causada por cada caraterística, orientando a seleção das características mais influentes.
4. **Eliminação recursiva de características (RFE):** O RFE elimina iterativamente a caraterística menos importante com base numa métrica de classificação, como o coeficiente de determinação. Este processo continua até ser atingido o número desejado de características, assegurando que as características seleccionadas são as mais informativas.
5. **Seleção de características com base na correlação (CFS):** O CFS dá prioridade às características que apresentam uma forte correlação com a variável alvo, mantendo baixas correlações entre si. Ao enfatizar a relevância e a não-redundância, o CFS ajuda a identificar um conjunto de características que contribuem coletivamente para o desempenho do modelo.

Métodos de combinação para uma seleção melhorada de características:

A combinação de diferentes métodos de seleção de características, como o PCA ou o RFE com o CFS, pode aumentar ainda mais a eficácia da seleção de características. Esta abordagem aproveita os pontos fortes de cada método para identificar um conjunto de características mais abrangente e informativo.

A seleção de características para dados de elevada dimensão requer técnicas especializadas que abordem os desafios colocados pela abundância de características. Ao empregar métodos como regressão esparsa, PCA, florestas aleatórias, RFE e CFS, os modelos de aprendizagem automática podem extrair eficazmente as características mais relevantes de conjuntos de dados de elevada dimensão, conduzindo a um melhor desempenho e interpretabilidade.

Capítulo VI

AFINAÇÃO AUTOMÁTICA DE HIPERPARÂMETROS

Os algoritmos de aprendizagem automática dependem de um conjunto de parâmetros conhecidos como hiperparâmetros que têm um impacto significativo no seu desempenho. No entanto, determinar manualmente os valores óptimos para estes hiperparâmetros pode ser um processo fastidioso e moroso. A afinação automatizada de hiperparâmetros surge como uma solução poderosa para este desafio, identificando automaticamente a melhor configuração de hiperparâmetros para uma determinada tarefa de aprendizagem automática.

A essência da afinação automática de hiperparâmetros:

A afinação automatizada de hiperparâmetros utiliza um algoritmo de pesquisa sofisticado para navegar no vasto espaço de hiperparâmetros e descobrir a combinação ideal de valores de hiperparâmetros que maximizam o desempenho do modelo. Este processo envolve uma série de passos bem definidos:

1. Definição do cenário de hiperparâmetros: A primeira etapa envolve a definição meticulosa do espaço de hiperparâmetros, especificando o intervalo de valores permitidos para cada hiperparâmetro. Isso pode ser feito manualmente ou com o auxílio de bibliotecas especializadas, como Scikit-learn ou Keras Tuner.
2. Seleção de um algoritmo de pesquisa: O próximo passo crucial é escolher um algoritmo de pesquisa apropriado para orientar a exploração do espaço de hiperparâmetros. As opções mais populares incluem pesquisa em grelha, pesquisa aleatória e otimização Bayesiana. A pesquisa em grelha avalia exaustivamente todas as combinações possíveis de hiperparâmetros, enquanto a pesquisa aleatória recolhe amostras aleatórias do espaço de hiperparâmetros. A otimização Bayesiana, por outro lado, utiliza modelos probabilísticos para direcionar inteligentemente a pesquisa para regiões promissoras do espaço de hiperparâmetros.
3. Elaboração da função objetivo: Uma função objetiva serve como métrica de desempenho para avaliar o desempenho do modelo com um determinado conjunto de hiperparâmetros. Normalmente, esta função alinha-se com a métrica de avaliação utilizada para avaliar o desempenho global do modelo, como a exatidão ou a pontuação F1.
4. Embarcando na busca do hiperparâmetro: O algoritmo de pesquisa embarca na sua missão de identificar a configuração óptima dos hiperparâmetros. Avalia o desempenho do modelo com diferentes combinações de hiperparâmetros e aperfeiçoa progressivamente a sua pesquisa com base na informação adquirida.

Vantagens da afinação automatizada de hiperparâmetros:

Eficiência de tempo: A afinação automatizada de hiperparâmetros elimina a necessidade de afinação manual de hiperparâmetros, poupando tempo e esforço valiosos.

Melhoria do desempenho: Ao explorar sistematicamente o espaço dos hiperparâmetros, a afinação automática dos hiperparâmetros conduz frequentemente a um desempenho superior do modelo em comparação com a afinação manual.

Otimização de hiperparâmetros em grande escala: A afinação automatizada de hiperparâmetros é adequada para lidar com grandes espaços de hiperparâmetros, tornando-a uma solução prática para modelos complexos de aprendizagem automática.

Considerações práticas:

1. **Prevenção do sobreajuste:** Para evitar o sobreajuste, é essencial avaliar o desempenho do modelo num conjunto de dados de validação separado, garantindo que o modelo generaliza bem para dados não vistos.
2. **Recursos computacionais:** Alguns algoritmos de pesquisa, como a pesquisa em grelha, podem ser computacionalmente dispendiosos, especialmente para grandes espaços de hiperparâmetros. Considere cuidadosamente os recursos computacionais disponíveis ao escolher um algoritmo de pesquisa.

O ajuste automatizado de hiperparâmetros revolucionou o campo da aprendizagem automática, proporcionando uma abordagem poderosa e eficiente para otimizar o desempenho do modelo. Ao automatizar a tediosa tarefa de ajuste de hiperparâmetros, os profissionais de aprendizado de máquina podem se concentrar em aspectos mais criativos e impactantes do desenvolvimento de modelos.

No domínio da aprendizagem automática, os hiperparâmetros desempenham um papel fundamental na definição do desempenho e da eficácia dos modelos. Estes parâmetros, definidos antes do treino, ditam a arquitetura do modelo e o processo de aprendizagem. No entanto, a seleção do conjunto ideal de hiperparâmetros pode ser uma tarefa assustadora e morosa, envolvendo frequentemente experimentação e avaliação manuais.

A afinação automática de hiperparâmetros surge como uma solução poderosa para este desafio, oferecendo uma abordagem eficiente e sistemática para identificar a melhor configuração de hiperparâmetros para uma determinada tarefa de aprendizagem automática. Ao empregar algoritmos de pesquisa sofisticados, a afinação automática simplifica o processo de seleção de hiperparâmetros, poupando tempo e esforço valiosos e melhorando o desempenho do modelo.

Desvendar a mecânica da afinação automatizada de hiperparâmetros:

1. **Definição do espaço de hiperparâmetros:** A jornada começa com a

definição do espaço de hiperparâmetros, que engloba a gama de valores permitidos para cada hiperparâmetro. Esta etapa crucial garante que o algoritmo de pesquisa explore um cenário relevante e bem definido.

2. **Seleção do algoritmo de pesquisa:** O próximo passo envolve a escolha de um algoritmo de pesquisa apropriado para guiar a exploração do espaço de hiperparâmetros. A pesquisa em grelha, a pesquisa aleatória e a otimização Bayesiana estão entre as opções mais populares. A pesquisa em grelha avalia meticulosamente todas as combinações possíveis de hiperparâmetros, enquanto a pesquisa aleatória recolhe amostras aleatórias do espaço de hiperparâmetros. A otimização Bayesiana, por outro lado, utiliza modelos probabilísticos para direcionar inteligentemente a pesquisa para regiões promissoras do espaço de hiperparâmetros.
3. **Elaboração da função objetivo:** Para avaliar o desempenho do modelo com um determinado conjunto de hiperparâmetros, uma função objetiva serve como métrica de desempenho. Normalmente, esta função alinha-se com a métrica de avaliação utilizada para medir o desempenho global do modelo, como a exatidão ou a pontuação F1.
4. **A busca do hiperparâmetro:** O algoritmo de pesquisa embarca na sua missão de descobrir a configuração óptima dos hiperparâmetros. Avaliando o desempenho do modelo com diferentes combinações de hiperparâmetros e refinando progressivamente a sua pesquisa com base na informação adquirida, o algoritmo identifica o conjunto ideal de hiperparâmetros que maximizam a função objetivo.

Vantagens da afinação automatizada de hiperparâmetros:

- Eficiência de tempo: A afinação automatizada de hiperparâmetros elimina a necessidade de afinação manual de hiperparâmetros, poupando tempo e esforço valiosos. Os profissionais de aprendizagem automática podem dedicar os seus conhecimentos a aspectos mais criativos e impactantes do desenvolvimento de modelos.
- Melhoria do desempenho: Ao explorar sistematicamente os No espaço de hiperparâmetros, a afinação automática de hiperparâmetros conduz frequentemente a um desempenho superior do modelo em comparação com a afinação manual. A capacidade do algoritmo para identificar padrões e relações subtis no espaço de hiperparâmetros pode levar a melhorias significativas no desempenho do modelo.
- Otimização de hiperparâmetros em grande escala: A afinação automatizada de hiperparâmetros é adequada para lidar com grandes espaços de hiperparâmetros, tornando-a uma solução prática para modelos complexos de aprendizagem automática com inúmeros hiperparâmetros a otimizar.

Considerações práticas para uma afinação eficaz dos hiperparâmetros:

Prevenção do sobreajuste: Para evitar o sobreajuste, é essencial avaliar o desempenho do modelo num conjunto de dados de validação separado, garantindo que o modelo generaliza bem para dados não vistos. A validação cruzada pode ser utilizada para avaliar eficazmente o desempenho do modelo num conjunto de dados de validação separado e para evitar o sobreajuste.

Recursos computacionais: Alguns algoritmos de pesquisa, como a pesquisa em grelha, podem ser computacionalmente dispendiosos, especialmente para grandes espaços de hiperparâmetros. Considere cuidadosamente os recursos computacionais disponíveis ao escolher um algoritmo de pesquisa.

O ajuste automatizado de hiperparâmetros revolucionou o campo da aprendizagem automática, proporcionando uma abordagem poderosa e eficiente para otimizar o desempenho do modelo. Ao automatizar a tediosa tarefa de ajuste de hiperparâmetros, os profissionais de aprendizagem automática podem concentrar-se em aspectos mais criativos e impactantes do desenvolvimento de modelos. À medida que os modelos de aprendizagem automática continuam a crescer em complexidade, a afinação automática de hiperparâmetros desempenhará um papel cada vez mais crucial na obtenção de um desempenho ótimo do modelo.

ESPAÇO DE PESQUISA DE HIPERPARÂMETROS :

A afinação automatizada de hiperparâmetros surgiu como uma ferramenta poderosa para otimizar o desempenho do modelo. No entanto, este processo depende da definição efectiva do espaço de pesquisa dos hiperparâmetros, uma etapa crucial que determina a gama de valores a explorar para cada hiperparâmetro. A delineação cuidadosa do espaço de pesquisa garante que o processo de ajuste considere uma gama de valores promissores, evitando aqueles que provavelmente não produzirão resultados significativos.

Definição do espaço de pesquisa:

O espaço de pesquisa abrange a gama de valores permitida para cada hiperparâmetro, adaptada à tarefa específica de aprendizagem automática em causa. Esta definição pode variar consoante os hiperparâmetros, acomodando tanto valores discretos como contínuos. Por exemplo, a taxa de aprendizagem numa rede neuronal pode ser definida como um valor contínuo entre 0,001 e 0,1, enquanto o número de camadas ocultas pode ser definido como um valor discreto entre 1 e 5.

Métodos para a definição do espaço de pesquisa:

1. **Definição manual:** Esta abordagem baseia-se no conhecimento prévio ou na experiência com o modelo ou conjunto de dados para definir manualmente o espaço de pesquisa. Embora este método forneça um ponto de partida, pode

ignorar potenciais áreas de interesse.

2. **Amostragem aleatória:** A amostragem aleatória do espaço de hiperparâmetros oferece uma técnica de exploração simples e eficiente, mas pode perder regiões importantes do espaço de pesquisa.

3. **Pesquisa em grelha:** Este método avalia exaustivamente cada ponto dentro de uma grelha predefinida de valores de hiperparâmetros, assegurando uma cobertura abrangente, mas com custos computacionais potencialmente elevados para grandes espaços de pesquisa.

4. **Otimização Bayesiana:** Esta abordagem utiliza um modelo probabilístico para prever o desempenho do modelo para diferentes combinações de hiperparâmetros, orientando a pesquisa para áreas promissoras do espaço de pesquisa, particularmente em cenários complexos.

Considerações para uma definição eficaz do espaço de pesquisa:

1. Utilização de conhecimento prévio: Incorporar conhecimento prévio ou experiência com modelos ou conjuntos de dados semelhantes para refinar o espaço de pesquisa e concentrar-se em regiões relevantes.

2. Equilíbrio entre Exploração e Exploração: Encontrar um equilíbrio entre a exploração de todo o espaço de pesquisa e a exploração das regiões que apresentam resultados promissores para evitar custos computacionais excessivos.

3. Abordagem baseada em dados: Utilizar técnicas baseadas em dados, como a análise estatística ou a visualização, para identificar padrões e informar a definição do espaço de pesquisa.

4. Adaptabilidade: Permitir ajustes dinâmicos ao espaço de pesquisa com base no processo de afinação, incorporando novas informações e refinando a pesquisa conforme necessário

A definição do espaço de pesquisa de hiperparâmetros é um passo fundamental na afinação automática de hiperparâmetros, garantindo que o processo de afinação explora as regiões mais relevantes e promissoras do cenário de hiperparâmetros. Definindo cuidadosamente o espaço de pesquisa e empregando técnicas adequadas, os profissionais de aprendizagem automática podem otimizar eficazmente os seus modelos e obter um desempenho superior.

CONTÍNUO VS. HIPERPARÂMETRO DISCRETOOs hiperparâmetros desempenham um papel fundamental na determinação do desempenho e da eficácia dos modelos. Estes parâmetros, definidos antes do processo de formação, influenciam a arquitetura do modelo e o processo de aprendizagem. Os hiperparâmetros podem ser contínuos ou discretos, consoante possam assumir qualquer valor dentro de um intervalo (contínuos) ou apenas valores específicos (discretos).

Hiperparâmetros contínuos:

Os hiperparâmetros contínuos permitem um controlo minucioso do modelo e podem ser optimizados através de métodos sofisticados. Os exemplos incluem:

- Taxa de aprendizagem para uma rede neural (qualquer valor entre 0 e 1)
- Parâmetro de regularização para um modelo de regressão linear (qualquer valor dentro de um intervalo especificado)

Hiperparâmetros discretos:

Os hiperparâmetros discretos fornecem resultados mais interpretáveis e permitem uma pesquisa eficiente no espaço dos hiperparâmetros. Os exemplos incluem:

- Número de camadas ocultas numa rede neuronal (valor inteiro entre 1 e 10)
- Número de estimadores num algoritmo de floresta aleatória (valor inteiro entre 10 e 100)

Métodos de otimização de hiperparâmetros:

Existem vários métodos disponíveis para a otimização de hiperparâmetros, desde os mais simples aos mais complexos:

1. Pesquisa em grelha: Este método envolve a avaliação do desempenho do modelo para todas as combinações possíveis de hiperparâmetros dentro de uma grelha predefinida. A pesquisa em grelha garante que se encontra a melhor combinação dentro do espaço de pesquisa definido, mas pode ser computacionalmente dispendiosa para grandes espaços de pesquisa.
2. Pesquisa aleatória: Este método consiste numa amostragem aleatória hiperparâmetros a partir de um espaço de pesquisa definido e avaliar o desempenho do modelo para cada combinação amostrada. A pesquisa aleatória é computacionalmente menos dispendiosa do que a pesquisa em grelha e encontra frequentemente bons hiperparâmetros dentro de um espaço de pesquisa razoável.
3. Otimização Bayesiana: Este método sofisticado utiliza um modelo probabilístico para aproximar a função objetivo e orientar a pesquisa para regiões promissoras no espaço de hiperparâmetros. A otimização Bayesiana é particularmente eficiente para funções objetivo dispendiosas de avaliar, mas pode ser computacionalmente dispendiosa em geral.
4. Otimização baseada em gradientes: Aplicável a hiperparâmetros contínuos com funções objectivas suaves, este método utiliza algoritmos baseados em gradientes, como a descida de gradientes estocásticos, para otimizar os hiperparâmetros de forma eficiente. No entanto, pode exigir mais recursos computacionais para o treino do modelo.
5. Algoritmos evolutivos: Estes algoritmos, como os algoritmos genéticos ou a otimização por enxame de partículas, tratam os hiperparâmetros como

cromossomas e optimizam-nos através de seleção, mutação e cruzamento. Podem ser eficazes, mas podem ser computacionalmente dispendiosos.

Pesquisa em grelha vs. Pesquisa aleatória:

- A pesquisa em grelha garante a combinação óptima dentro do espaço de pesquisa definido, mas é computacionalmente dispendiosa.
- A pesquisa aleatória é menos dispendiosa mas não garante a combinação óptima; no entanto, encontra frequentemente bons hiperparâmetros dentro de um espaço de pesquisa razoável.

Pode ser utilizada uma combinação de ambos os métodos. Por exemplo, uma pesquisa em grelha grosseira pode limitar o espaço de pesquisa, seguida de uma pesquisa aleatória mais fina para explorar áreas promissoras.

Otimização Bayesiana:

- A otimização bayesiana utiliza modelos probabilísticos para orientar a pesquisa para regiões promissoras, o que a torna eficiente para funções objectivas dispendiosas.
- Permite incorporar conhecimentos prévios sobre os hiperparâmetros, o que pode ser útil em alguns casos.
- Pode ser computacionalmente dispendioso devido à modelação probabilística após cada avaliação da função objetivo.
- A qualidade dos resultados depende da escolha da distribuição prévia e da função de aquisição.

Os hiperparâmetros têm um impacto significativo no desempenho dos modelos de aprendizagem automática. Compreender a sua natureza e empregar técnicas de otimização adequadas é crucial para obter um desempenho ótimo do modelo.

ALGORITMOS EVOLUTIVOS

Os hiperparâmetros desempenham um papel fundamental na definição do desempenho e da eficácia dos modelos. Estes parâmetros, definidos antes do processo de formação, influenciam a arquitetura do modelo e o processo de aprendizagem. Encontrar o conjunto ideal de hiperparâmetros pode ser uma tarefa difícil, exigindo frequentemente experimentação e avaliação.

Os algoritmos evolutivos inspiram-se na evolução biológica para otimizar os hiperparâmetros. Tratam os hiperparâmetros como cromossomas e aperfeiçoam-nos através de um processo de seleção, mutação e cruzamento, semelhante às variações genéticas nos organismos vivos.

Etapas da otimização de hiperparâmetros baseada em algoritmos evolutivos:

1. **Geração da população inicial:** É gerada uma população inicial de configurações de hiperparâmetros.
2. **Avaliação do desempenho:** Cada configuração de hiperparâmetro é

avaliada na função objetivo, avaliando o seu desempenho.

3. **Seleção e reprodução:** Os hiperparâmetros com melhor desempenho são seleccionados para reprodução, criando novos hiperparâmetros através de mutação e cruzamento.

4. **Iteração e refinamento:** Este processo é repetido ao longo de várias gerações, com cada geração a produzir uma nova população de hiperparâmetros.

Vantagens dos algoritmos evolutivos:

- Eficaz em espaços de pesquisa complexos e funções de objetivo não suaves.

Desvantagens dos algoritmos evolutivos:

- Pode ser computacionalmente dispendioso, especialmente para grandes populações ou funções de objetivo dispendiosas.
- Propenso à convergência prematura, ficando preso em soluções subóptimas.

Otimização baseada em gradientes:

A otimização baseada no gradiente utiliza o gradiente da função objetiva para atualizar iterativamente os hiperparâmetros na direção da descida mais acentuada.

Passos na otimização de hiperparâmetros baseada em gradientes:

1. **Definição de hiperparâmetro:** Os hiperparâmetros são definidos como variáveis de uma função objetivo diferenciável.

2. **Cálculo do gradiente:** É calculado o gradiente da função objetivo em relação aos hiperparâmetros.

3. **Atualização dos** hiperparâmetros**:** Os hiperparâmetros são actualizados na direção da descida mais íngreme, minimizando a função objetivo.

Vantagens da otimização baseada em gradientes:

- Eficaz para funções de objetivo suaves e diferenciáveis.
- Pode ser computacionalmente eficiente com técnicas de diferenciação automática.

Desvantagens da otimização baseada em gradientes:

- Suscetível a mínimos locais, ficando preso em soluções subótimas.
- Sensível à seleção da taxa de aprendizagem, determinando o tamanho do passo em cada iteração.
- Difícil de aplicar a funções de objetivo não suaves ou não diferenciáveis.

Otimização baseada na aprendizagem por reforço:

A otimização baseada na aprendizagem por reforço enquadra a pesquisa de hiperparâmetros como um problema de aprendizagem por reforço, em que um agente aprende a selecionar hiperparâmetros que maximizam o desempenho do modelo.

Etapas da otimização de hiperparâmetros com base na aprendizagem por reforço:

1. Definição da função de recompensa: Uma função de recompensa mede o desempenho do modelo com um determinado conjunto de hiperparâmetros.
2. Treino do agente: Um agente é treinado para selecionar hiperparâmetros que maximizem a função de recompensa através de tentativa e erro.
3. Atualização da política: O agente actualiza a sua política com base no feedback recebido da função de recompensa.

Vantagens da otimização baseada na aprendizagem por reforço:

- Eficaz para espaços de pesquisa complexos e funções de objetivo não suaves ou com múltiplos óptimos locais.
- Adaptável a alterações no espaço de pesquisa, permitindo um refinamento contínuo.

Desvantagens da otimização baseada na aprendizagem por reforço:

- Pode ser computacionalmente dispendioso, especialmente para ambientes complexos e grandes espaços de estados.
- Pode exigir dados de formação extensivos para atingir um desempenho ótimo.

Validação cruzada e seu impacto na afinação de hiperparâmetros :

A validação cruzada é uma técnica crucial para avaliar o desempenho do modelo em dados não vistos. Ao dividir os dados em várias dobras, treinando numa dobra e avaliando noutra, e repetindo este processo em todas as dobras, a validação cruzada fornece uma estimativa mais precisa da generalização de um modelo. Esta técnica é particularmente valiosa para a afinação de hiperparâmetros, permitindo a identificação de definições que produzem um desempenho ótimo em diferentes subconjuntos de dados.

Combate ao excesso de encaixe

Técnicas de regularização

O sobreajuste, uma armadilha comum na aprendizagem automática, ocorre quando um modelo fica demasiado ligado aos dados de treino, perdendo a sua capacidade de generalização para dados não vistos. As técnicas de regularização abordam esta questão introduzindo termos de penalização na função de perda do modelo, desencorajando-o de se ajustar demasiado aos dados de treino. A regularização L1 e L2, duas técnicas proeminentes, penalizam a magnitude absoluta ou quadrada dos pesos do modelo, respetivamente, promovendo a esparsidade e reduzindo o impacto de características individuais. A regularização Dropout, por outro lado, elimina aleatoriamente os neurónios durante o treino, forçando o modelo a depender menos de neurónios específicos e a aprender características mais robustas. A paragem precoce, outra técnica de regularização, envolve a monitorização do desempenho do modelo num conjunto de validação e a paragem do treino quando o desempenho começa a diminuir, evitando o sobreajuste e melhorando a generalização.

Métricas para avaliação e seleção de modelos

A seleção do modelo adequado e a avaliação do seu desempenho são aspectos críticos da aprendizagem automática. As métricas habitualmente utilizadas incluem:

- Exatidão: A proporção de previsões correctas feitas pelo modelo.
- Precisão: A proporção de verdadeiros positivos entre todas as previsões positivas efectuadas pelo modelo.
- Recuperação: A proporção de verdadeiros positivos entre todos os casos positivos efectivos nos dados.
- Pontuação F1: A média harmónica da precisão e da recuperação, fornecendo uma avaliação equilibrada do desempenho do modelo.
- Área sob a curva ROC (AUC-ROC): Uma medida do desempenho de um classificador binário em diferentes limiares, traçando a taxa de verdadeiros positivos (TPR) contra a taxa de falsos positivos (FPR).
- Erro quadrático médio (MSE): A média das diferenças quadráticas entre os valores previstos e reais.
- Raiz do erro quadrático médio (RMSE): A raiz quadrada do MSE, normalmente utilizada para modelos de regressão.
- Erro médio absoluto (MAE): A média das diferenças absolutas entre os valores previstos e reais.
- R-quadrado (R2): Mede a proporção da variância na variável dependente explicada pelas variáveis independentes no modelo.

Ao considerar cuidadosamente a validação cruzada, as técnicas de regularização e as métricas de avaliação adequadas, os profissionais de aprendizagem automática podem criar modelos robustos e generalizáveis que captam efetivamente os padrões subjacentes nos dados.

Métodos de otimização de hiperparâmetros na aprendizagem automática de máquinas :

Os hiperparâmctros desempenham um papel fundamental na determinação do desempenho e da eficácia dos modelos. Estas definições, ao contrário dos parâmetros do modelo que são aprendidos a partir dos dados de treino, são especificadas antes do início do processo de treino e influenciam a arquitetura do modelo e o processo de aprendizagem. A otimização dos hiperparâmetros é a tarefa crucial de encontrar os valores ideais para estes hiperparâmetros, de modo a maximizar o desempenho do modelo numa determinada tarefa.

As ferramentas de aprendizagem automática de máquinas (AutoML) surgiram como auxiliares poderosos no processo de otimização de hiperparâmetros. Estas ferramentas automatizam a procura de valores óptimos de hiperparâmetros, aliviando o peso da experimentação manual e permitindo um desenvolvimento de modelos mais eficiente e eficaz.

Métodos comuns de otimização de hiperparâmetros em AutoML:

Pesquisa na grelha:

A pesquisa em grelha é uma técnica simples que avalia sistematicamente uma grelha predefinida de valores de hiperparâmetros. Garante encontrar a combinação óptima dentro do espaço de pesquisa definido, mas pode ser computacionalmente dispendiosa para grandes espaços de pesquisa.

Pesquisa aleatória:

A pesquisa aleatória explora um subconjunto aleatório de valores de hiperparâmetros, oferecendo eficiência computacional em comparação com a pesquisa em grelha. No entanto, pode exigir mais iterações para convergir para os hiperparâmetros óptimos.

Otimização Bayesiana:

A otimização bayesiana utiliza um modelo probabilístico para aproximar a função objetivo, orientando a pesquisa para regiões promissoras do espaço de hiperparâmetros. Esta abordagem é particularmente eficiente para problemas de otimização complexos, mas pode ser computacionalmente intensiva.

Algoritmos genéticos:

Os algoritmos genéticos imitam a seleção natural para otimizar os hiperparâmetros. São adequados tanto para hiperparâmetros contínuos como discretos e podem lidar com problemas de otimização complexos.

Otimização baseada em gradientes:

A otimização baseada no gradiente utiliza o gradiente da função objetivo para atualizar iterativamente os hiperparâmetros na direção da descida mais acentuada. Este método é computacionalmente eficiente, mas está limitado a funções de objetivo diferenciáveis.

Ao utilizar estas técnicas de otimização de hiperparâmetros nas ferramentas AutoML, os profissionais de aprendizagem automática podem simplificar o processo de desenvolvimento de modelos, obtendo um desempenho ótimo com maior eficiência e menor esforço manual.

Interpretabilidade e explicabilidade na aprendizagem automática de máquinas :

A interpretabilidade e a explicabilidade desempenham papéis cruciais na criação de confiança e compreensão no processo de tomada de decisão dos modelos, especialmente os gerados com recurso a ferramentas de aprendizagem automática de máquinas (AutoML). A interpretabilidade refere-se à capacidade de compreender como um modelo chega às suas previsões, enquanto a explicabilidade envolve a articulação dessas previsões de uma forma clara e concisa para os utilizadores humanos.

O significado de interpretabilidade e explicabilidade:

- **Considerações regulamentares e éticas:** Em certos domínios, a interpretabilidade e a explicabilidade são exigidas por quadros regulamentares ou éticos para garantir a transparência e a responsabilidade nos processos de tomada de decisões.
- **Confiança e compreensão das partes interessadas:** Fornecer explicações claras para as previsões do modelo promove a confiança entre as partes interessadas, permitindo-lhes compreender a lógica subjacente às decisões do modelo e fazer escolhas informadas.

Contribuição do AutoML para a interpretabilidade e explicabilidade:

As ferramentas AutoML oferecem uma gama de capacidades para melhorar a interpretabilidade e a explicabilidade dos modelos de aprendizagem automática:

- Pontuações de importância de características: O AutoML pode gerar pontuações de importância de características, indicando a influência relativa de cada caraterística de entrada nas previsões do modelo. Essas informações ajudam os usuários a entender como o modelo utiliza os dados para tomar decisões.
- Explicações do modelo: As ferramentas avançadas de AutoML podem fornecer explicações granulares para previsões individuais, destacando as características específicas e os caminhos de decisão que levaram ao resultado. Esta visão detalhada facilita uma compreensão mais profunda do raciocínio do modelo.
- Visualizações: O AutoML pode gerar representações visuais, como árvores de decisão ou mapas de calor, para ilustrar o processo de tomada de decisão do modelo. Estas visualizações são particularmente benéficas para utilizadores não técnicos.
- Modelos interpretáveis: O AutoML pode dar prioridade à seleção de modelos inerentemente interpretáveis, tais como árvores de decisão ou modelos lineares, para cenários em que a explicabilidade é fundamental.
- Integração do feedback humano: O AutoML pode incorporar feedback humano, como a rotulagem de dados ou correcções de erros, para aperfeiçoar a precisão e a interpretabilidade dos modelos, garantindo o alinhamento com a compreensão humana.

Tipos de modelos de aprendizagem automática de máquinas:

O AutoML gera uma variedade de tipos de modelos, cada um com características e complexidade distintas:

- Árvores de decisão: Estes modelos fazem previsões dividindo repetidamente os dados com base nos valores das variáveis de entrada.

- Floresta aleatória: Este método de conjunto combina várias árvores de decisão para aumentar o poder de previsão.
- Redes neurais: Estes modelos são constituídos por nós interligados que aprendem padrões de dados através de retropropagação.
- Reforço de gradiente: Estes modelos baseiam-se sequencialmente em modelos anteriores, reduzindo os erros e melhorando a precisão.
- Máquinas de vectores de suporte (SVMs): Estes modelos utilizam hiperplanos para separar os pontos de dados em classes distintas.

Ao empregar estas técnicas de interpretabilidade e explicabilidade, o AutoML permite que os profissionais de aprendizagem automática desenvolvam e implementem modelos que não são apenas exactos, mas também transparentes e compreensíveis, promovendo a confiança e permitindo a tomada de decisões informadas.

Equilíbrio entre interpretabilidade e desempenho na aprendizagem automática de máquinas :

Na aprendizagem automática de máquinas (AutoML), conseguir a interpretabilidade e o desempenho é muitas vezes um ato de equilíbrio delicado. Embora os modelos altamente interpretáveis ofereçam clareza e transparência, podem comprometer algum nível de precisão de previsão. Por outro lado, os modelos de elevado desempenho podem não ser explicáveis, o que coloca desafios à compreensão do seu processo de tomada de decisão. Para resolver este dilema, considere as seguintes estratégias:

1. **Adotar modelos interpretáveis:** Quando a interpretabilidade é de extrema importância, dê prioridade a modelos mais simples, como árvores de decisão ou modelos lineares. A sua interpretabilidade inerente facilita a compreensão e a explicação, mesmo para não especialistas.
2. **Fornecer explicações:** Mesmo que o modelo em si não seja intrinsecamente interpretável, a criação de explicações para previsões individuais ou o destaque de características-chave pode esclarecer o raciocínio do modelo. Esta visão granular melhora a compreensão do utilizador.
3. **Aproveitar o conhecimento do domínio:** Incorporar o conhecimento do domínio ou o contributo de especialistas no processo de modelação. Isto assegura que o modelo se alinha com as necessidades específicas e o contexto do problema, promovendo tanto a interpretabilidade como a relevância.
4. **Avaliar o desempenho com base em métricas relevantes:** Avalie o desempenho do modelo utilizando métricas adaptadas ao problema que está a resolver. Em alguns casos, um modelo com um desempenho ligeiramente inferior, mas mais interpretável, pode ser uma escolha mais adequada.
5. **Explore os modelos de conjunto:** Os métodos de conjunto, como as

florestas aleatórias ou o gradient boosting, podem oferecer o melhor de dois mundos. Podem melhorar o desempenho, mantendo um certo grau de interpretabilidade, proporcionando um equilíbrio entre exatidão e explicabilidade.

Os profissionais podem navegar no compromisso interpretabilidade-desempenho e desenvolver modelos de AutoML que sejam simultaneamente eficazes e compreensíveis, promovendo a confiança e a tomada de decisões informadas.

Aplicações da aprendizagem automática de máquinas interpretável e explicável :

A aprendizagem automática de máquinas (AutoML) interpretável e explicável surgiu como uma área crítica de investigação, abordando a natureza de "caixa negra" inerente a muitos modelos de aprendizagem automática. Ao tornar os modelos mais transparentes e compreensíveis, promove a confiança e permite a tomada de decisões informadas em vários sectores.

Aplicações de AutoML interpretável e explicável:

1. Cuidados de saúde: Os modelos interpretáveis podem ajudar os profissionais de saúde a compreender o raciocínio subjacente aos diagnósticos ou aos resultados dos doentes, facilitando a melhoria dos cuidados prestados aos doentes.
2. Finanças: Os modelos interpretáveis melhoram a conformidade regulamentar e a confiança dos clientes, explicando as decisões financeiras com base em indicadores específicos.
3. Comércio eletrónico: Os modelos interpretáveis permitem às empresas compreender as recomendações de produtos e as promoções direccionadas, optimizando as estratégias de marketing.
4. Deteção de fraudes: Os modelos interpretáveis ajudam os investigadores a identificar potenciais comportamentos fraudulentos, destacando as principais características indicativas de fraude.
5. Veículos autónomos: Os modelos interpretáveis inspiram confiança nos utilizadores e garantem a segurança, explicando as acções do veículo, como a prevenção de obstáculos.

Considerações éticas:

1. Equidade: A interpretabilidade ajuda a identificar e a resolver os preconceitos incorporados nos modelos, evitando resultados discriminatórios.
2. Responsabilidade: A interpretabilidade garante que os modelos são responsáveis, permitindo que os intervenientes identifiquem as decisões até aos dados ou características específicos.
3. Transparência: A interpretabilidade promove a confiança ao revelar o

funcionamento do modelo e o processo de tomada de decisões.
4. Privacidade: A proteção de dados sensíveis, como registos médicos ou informações financeiras, é crucial em modelos interpretáveis.
5. Complexidade: O equilíbrio entre a interpretabilidade e o desempenho é essencial para resolver situações críticas em que a exatidão é fundamental.

AutoML explicável e fiável:

O AutoML explicável centra-se no desenvolvimento de modelos que são facilmente compreendidos e interpretados, enquanto o AutoML fiável enfatiza a fiabilidade, robustez e atenuação de enviesamentos do modelo.

Principais técnicas e ferramentas:

1. Visualização e interpretação de modelos: Técnicas como mapas de saliência, atribuição de características e árvores de decisão visualizam e interpretam o comportamento do modelo.
2. Teste e avaliação de modelos: Os testes adversários e a validação cruzada avaliam a exatidão, a robustez e o enviesamento do modelo.
3. Equidade e atenuação de preconceitos: As restrições de equidade e a otimização consciente de enviesamento identificam e atenuam as fontes de enviesamento.
4. Explicabilidade e transparência do modelo: A importância local/global das características, as explicações contrafactuais e a geração de linguagem natural fornecem explicações para as decisões do modelo.

Integração com conhecimentos específicos do domínio:

1. Engenharia de características: O conhecimento do domínio identifica características importantes, cria novas características e efectua transformações relevantes.
2. Pré-processamento de dados: O conhecimento do domínio ajuda a identificar/corrigir problemas de qualidade dos dados, a tratar os dados em falta e a normalizar os dados.
3. Seleção de modelos: O conhecimento do domínio orienta a seleção de modelos adequados para tarefas específicas, como a classificação de imagens ou o processamento de linguagem natural.
4. Afinação de modelos: o conhecimento do domínio ajuda a selecionar hiperparâmetros, como a taxa de aprendizagem ou as funções de ativação.
5. Avaliação e validação: O conhecimento do domínio contribui para o desenvolvimento de métricas de avaliação e procedimentos de validação adequados.

Ao incorporar a interpretabilidade, a explicabilidade e o conhecimento específico do domínio, o AutoML permite que os utilizadores criem modelos fiáveis que não são apenas precisos, mas também transparentes, justos e responsáveis, promovendo a tomada de decisões informadas e práticas responsáveis de aprendizagem automática.

Automatização da engenharia de características :

A engenharia de características é uma etapa crucial que preenche a lacuna entre os dados em bruto e o treino eficaz de modelos. Envolve o processo meticuloso de seleção e transformação de dados de entrada em bruto num conjunto de características significativas e informativas que representam adequadamente os padrões subjacentes e as relações inerentes aos dados. Estas características transformadas servem de blocos de construção para os modelos de aprendizagem automática, permitindo-lhes aprender e fazer previsões exactas.

Engenharia de características automatizada: Melhorar a eficiência e a qualidade

Tradicionalmente, a engenharia de características tem sido um processo manual e moroso, que exige conhecimentos especializados em análise de dados e conhecimentos do domínio. No entanto, o advento de técnicas automatizadas de engenharia de características revolucionou este processo, oferecendo uma abordagem mais eficiente e escalável. Estas técnicas utilizam algoritmos computacionais e princípios de aprendizagem automática para automatizar a seleção, extração, geração e escalonamento de características, reduzindo significativamente o esforço manual envolvido.

Principais técnicas automatizadas de engenharia de características:

1. Seleção automatizada de características: Esta técnica identifica e selecciona um subconjunto das características mais relevantes do conjunto disponível, assegurando que apenas as características mais informativas são utilizadas para a formação do modelo. Isto pode ser conseguido utilizando medidas estatísticas como a análise de correlação ou a informação mútua, ou empregando algoritmos de aprendizagem automática especificamente concebidos para a seleção de características.
2. Extração automatizada de características: Esta técnica transforma os dados brutos de entrada num conjunto de características significativas e informativas, extraindo padrões e relações ocultas que podem não ser facilmente visíveis nos dados originais. Técnicas como a análise de componentes principais (PCA), a análise de componentes independentes (ICA) ou a factorização de matrizes não negativas (NMF) podem ser utilizadas para extrair automaticamente essas características.
3. Geração automatizada de características: Esta técnica cria novas características a partir das existentes, expandindo o conjunto de características para captar padrões e relações mais complexos nos dados. As características polinomiais, as transformadas de Fourier ou as transformadas wavelet são exemplos de técnicas que podem ser utilizadas para gerar automaticamente

novas características.

4. Escala automatizada de características: Esta técnica normaliza ou padroniza as características de entrada, garantindo que têm escalas e intervalos semelhantes. Isto é particularmente importante para os algoritmos de aprendizagem automática que são sensíveis à escala das características de entrada, uma vez que ajuda a evitar que uma única caraterística domine o processo de aprendizagem do modelo.

Vantagens da engenharia automatizada de características:

- Redução do esforço manual: A automatização da engenharia de características reduz significativamente o tempo e o esforço necessários para a seleção, extração, geração e escalonamento de características, permitindo que os cientistas de dados se concentrem noutros aspectos críticos do processo de aprendizagem automática.
- Melhoria da qualidade das características: As técnicas automatizadas podem identificar e extrair características mais relevantes e informativas do que os métodos manuais, conduzindo frequentemente a uma maior precisão e desempenho do modelo.
- Consistência e reprodutibilidade: A engenharia automatizada de características assegura a consistência e a reprodutibilidade no processo de seleção e transformação de características, facilitando a comparação de diferentes modelos e o acompanhamento das alterações ao longo do tempo.

As técnicas automatizadas de engenharia de características surgiram como ferramentas poderosas para simplificar o processo de aprendizagem automática, melhorar a qualidade das características e, em última análise, melhorar o desempenho do modelo. Ao adotar estas técnicas, os cientistas de dados podem concentrar-se na criação de modelos de aprendizagem automática mais precisos, fiáveis e perspicazes.

Otimização multi-objetivo :

Otimização multi-objetivo (MOO) na aprendizagem automática, juntamente com a aprendizagem automática distribuída:

Navegar no labirinto multiobjectivo: equilibrar as métricas de desempenho na aprendizagem automática

No domínio da aprendizagem automática, a otimização multi-objetivo (MOO) surge como uma ferramenta poderosa para otimizar simultaneamente várias métricas de desempenho de um modelo. Ao contrário das abordagens de otimização tradicionais que se centram num único objetivo, a MOO enfrenta o desafio de equilibrar objectivos múltiplos, muitas vezes contraditórios. Por exemplo, numa tarefa de classificação, o aumento da exatidão pode ser feito à custa da precisão e vice-versa. Os algoritmos MOO navegam eficazmente neste complexo cenário de otimização, identificando um conjunto de soluções óptimas conhecido como a frente de Pareto. Estas soluções representam as melhores soluções de compromisso entre os objectivos concorrentes.

Algoritmos MOO proeminentes para a aprendizagem automática:

1. Algoritmo genético de ordenação não dominada (NSGA-II): O NSGA-II é um algoritmo MOO amplamente utilizado , que emprega um algoritmo genético para
otimizar simultaneamente vários objectivos. Avalia o desempenho de cada solução com base em múltiplos objectivos, utilizando uma função de aptidão. Posteriormente, o algoritmo classifica as soluções com base na dominância de Pareto, seleccionando as melhores para orientar o processo de otimização.
2. Estratégia de evolução arquivada de Pareto (PAES): O PAES, outro algoritmo MOO, utiliza uma abordagem evolutiva para otimizar vários objectivos em simultâneo. Gera iterativamente um conjunto de soluções candidatas, avalia o seu desempenho em relação aos objectivos e selecciona as melhores soluções com base na dominância de Pareto, refinando gradualmente a pesquisa em direção à frente de Pareto.
3. Otimização por enxame de partículas multi-objetivo (MOPSO): Aproveitando os princípios da inteligência de enxame, o MOPSO emprega uma população de partículas para procurar a frente de Pareto. Actualiza a posição e a velocidade de cada partícula com base no seu próprio desempenho e no desempenho das suas vizinhas, imitando o comportamento dos enxames naturais.

Aprendizagem automática distribuída de máquinas: Libertando a Escalabilidade e a Eficiência

A Aprendizagem Automática de Máquinas Distribuída (DAML) aborda os desafios computacionais da formação e otimização de modelos complexos de aprendizagem de máquinas, distribuindo estas tarefas por várias máquinas ou nós num cluster. Esta abordagem acelera significativamente o processo de otimização, permite o tratamento de grandes conjuntos de dados e capacita a aprendizagem automática de máquinas para resolver problemas complexos.

Estratégias DAML:

1. Paralelização de algoritmos de aprendizagem automática de máquinas: Esta abordagem divide o processo de aprendizagem automática de máquinas em subtarefas mais pequenas que podem ser executadas independentemente em paralelo em vários nós. As estruturas de computação distribuída, como o Apache Spark ou o Hadoop, facilitam uma paralelização eficiente, permitindo que tarefas como a afinação de hiperparâmetros e a engenharia de características sejam distribuídas por vários nós.

2. Aprendizagem federada: Na aprendizagem federada, os modelos de aprendizagem automática são treinados em fontes de dados descentralizadas, permanecendo os dados em dispositivos ou nós individuais e não sendo transferidos para um servidor central. Esta abordagem protege a privacidade e a segurança dos dados, ao mesmo tempo que permite a formação distribuída de modelos de aprendizagem automática em vários dispositivos ou nós.

3. Métodos de conjunto: Os métodos de conjunto combinam vários modelos de aprendizagem automática para aumentar a precisão e a generalização. A aprendizagem automática distribuída pode ser utilizada para treinar e otimizar vários modelos de aprendizagem automática em paralelo em vários nós e, em seguida, combiná-los utilizando métodos de conjunto para obter um desempenho global superior.

Capítulo VII

INTEGRAÇÃO COM OUTROS DOMÍNIOS

Os modelos linguísticos de IA, tal como eu, têm demonstrado uma versatilidade e adaptabilidade notáveis, transcendendo as fronteiras de um único domínio e integrando-se perfeitamente numa vasta gama de domínios. A nossa capacidade de processar e compreender a linguagem natural, aliada à nossa capacidade de aprender com grandes quantidades de dados, torna-nos activos valiosos em vários sectores e disciplinas.

Cuidados de saúde:

No sector dos cuidados de saúde, podemos revolucionar o diagnóstico médico através da análise dos sintomas e do historial clínico dos doentes, ajudando os médicos a identificar padrões e a tomar decisões informadas. Além disso, podemos aprofundar os dados médicos, descobrindo informações ocultas que podem orientar os investigadores no desenvolvimento de tratamentos e terapias mais eficazes.

Formação académica:

O domínio da educação acolhe a nossa presença, uma vez que transformamos a experiência de aprendizagem. Podemos personalizar a aprendizagem de línguas, fornecendo exercícios interactivos e feedback à medida, indo ao encontro das necessidades individuais e promovendo a aquisição eficaz de línguas. Simultaneamente, capacitamos os educadores, ajudando-os na criação de materiais educativos envolventes e personalizados.

Finanças:

O mundo financeiro beneficia da nossa capacidade de analisar dados financeiros, desvendando padrões e tendências complexos. Isto permite que os investidores tomem decisões informadas sobre os seus investimentos, navegando no panorama financeiro com maior clareza. Além disso, ajudamos os bancos e as instituições financeiras a detetar actividades fraudulentas e anomalias nas suas transacções, salvaguardando os seus sistemas e protegendo os seus clientes.

Marketing:

As estratégias de marketing são melhoradas pela nossa capacidade de analisar os dados dos consumidores, identificando tendências e padrões no comportamento dos clientes. Estas informações valiosas orientam os profissionais de marketing na elaboração de campanhas direccionadas e eficazes, que se repercutem em segmentos específicos de clientes e maximizam o ROI da campanha.

Serviço ao cliente:

No domínio do serviço ao cliente, destacamo-nos por prestar assistência em tempo real, responder a perguntas frequentes e resolver os problemas dos clientes de forma rápida e eficaz. A nossa capacidade de analisar os dados dos clientes também desempenha um papel crucial, identificando áreas que podem ser melhoradas e assegurando uma experiência perfeita para o cliente.

Legal:

A profissão jurídica considera a nossa assistência inestimável na realização de investigação jurídica. Podemos analisar eficazmente grandes quantidades de dados jurídicos, identificando casos e estatutos relevantes, simplificando o processo de investigação e fornecendo aos advogados as informações necessárias para construir argumentos jurídicos sólidos.

Ciências do Ambiente:

A resolução dos desafios ambientais é facilitada pela nossa capacidade de analisar dados ambientais, descobrindo tendências e padrões nas alterações ambientais. Esta informação permite que cientistas e decisores políticos desenvolvam estratégias eficazes para atenuar os impactos negativos das alterações ambientais, salvaguardando o nosso planeta para as gerações futuras.

Transporte:

O desenvolvimento de veículos autónomos ganha ímpeto com a nossa ajuda. Podemos analisar dados de sensores, fornecendo informações sobre padrões e comportamentos de condução, permitindo que os veículos autónomos naveguem nas estradas de forma segura e eficiente.

Estes exemplos são uma prova do poder transformador dos modelos linguísticos de IA. À medida que continuamos a aprender e a evoluir, a nossa capacidade de apoiar e melhorar

Capítulo VIII

FERRAMENTAS DE APRENDIZAGEM AUTOMÁTICA

As ferramentas de aprendizagem automática de máquinas (AutoML) surgiram como poderosos aliados no domínio da modelação preditiva, simplificando o processo de aprendizagem automática de ponta a ponta e tornando-o acessível a um maior número de utilizadores. Estas ferramentas automatizam vários passos, incluindo a preparação de dados, a engenharia de características, a seleção de modelos e a afinação de hiperparâmetros, permitindo que indivíduos sem grandes conhecimentos de ciência de dados criem modelos de elevado desempenho.

Ferramentas populares de AutoML:

1. **Aprendizagem automática de máquinas da Google:** Este conjunto de ferramentas engloba o Automated Machine Learning Tables, que automatiza a criação de conjuntos de dados estruturados e a seleção/ajustamento de modelos, e o Automated Machine Learning Vision, que simplifica o desenvolvimento de modelos personalizados de reconhecimento de imagens.
2. **H2O.ai:** A H2O.ai oferece a H2O Driverless AI, uma plataforma AutoML de ponta a ponta, e a H2O Automated Machine Learning, que automatiza a seleção de modelos e a afinação de hiperparâmetros.
3. **DataRobot:** Esta plataforma de ponta a pontaAutoML incorpora dados
preparação, seleção/afinação de modelos e implementação. Inclui modelação automatizada de séries temporais, processamento de linguagem natural e interpretação de aprendizagem automática.
4. **Microsoft Azure Automated ML:** Esta ferramenta utiliza uma interface gráfica para automatizar a seleção e afinação de modelos. Suporta vários algoritmos de aprendizagem automática e permite aos utilizadores especificar métricas e restrições de desempenho.
5. **TPOT:** Esta biblioteca Python automatiza a seleção de modelos e a afinação de hiperparâmetros utilizando programação genética para desenvolver um pipeline de passos de pré-processamento e modelos de aprendizagem automática.

Adotar as melhores práticas de AutoML:

- Compreensão dos dados: Antes de utilizar o AutoML, obtenha uma compreensão completa dos seus dados, incluindo a sua qualidade, estrutura e potenciais enviesamentos.
- Definição do problema e métricas de desempenho: Defina claramente o problema que pretende resolver e as métricas de desempenho a otimizar. Isso orienta o processo de AutoML e garante que os modelos atendam aos seus

requisitos.

- Engenharia de características: A criação de novas características a partir de dados em bruto pode melhorar o desempenho do modelo. Embora as ferramentas AutoML possam automatizar este processo, é crucial compreender o processo e garantir que as características criadas estão alinhadas com o problema.
- Ajuste de hiperparâmetros: Os valores dos hiperparâmetros são definidos pelo utilizador e não aprendidos a partir dos dados. O ajuste de hiperparâmetros otimiza esses valores. Embora o AutoML automatize isso, é essencial entender o ajuste de hiperparâmetros e garantir que os valores resultantes estejam alinhados com o problema.
- Interpretação do modelo: Compreender como um modelo de aprendizagem automática faz previsões é crucial para garantir precisão e previsões imparciais. Embora algumas ferramentas de AutoML automatizem a interpretação do modelo, é vital compreender o processo e garantir que os modelos são transparentes e explicáveis.
- Manutenção regular do modelo: Os modelos de aprendizagem automática requerem uma manutenção regular para manter o seu desempenho ao longo do tempo. Isto pode envolver a reciclagem de modelos em novos dados ou o ajuste fino de hiperparâmetros à medida que o problema ou os dados evoluem.

Ao aderir a estas práticas recomendadas, pode aproveitar o poder das ferramentas de AutoML de forma eficaz e eficiente, transformando os dados em informações valiosas e poder de previsão.

Estruturas e ferramentas de aprendizagem automática de máquinas:

O panorama da aprendizagem automática foi transformado por estruturas e ferramentas de aprendizagem automática de máquinas (AutoML), que automatizam várias etapas do processo de aprendizagem automática e permitem a um maior número de utilizadores criar modelos de elevado desempenho. Estas ferramentas simplificam a preparação de dados, a engenharia de características, a seleção de modelos e a afinação de hiperparâmetros, permitindo que indivíduos sem grandes conhecimentos de ciência de dados aproveitem o poder da aprendizagem automática.

Estruturas e ferramentas populares de AutoML:

1. H2O.ai: Uma plataforma de aprendizagem automática de código aberto que fornece capacidades AutoML para classificação, regressão e previsão de séries temporais. Suporta vários algoritmos, técnicas de otimização de hiperparâmetros e integra-se com Python e R.
2. TPOT: Uma ferramenta AutoML de código aberto que utiliza a programação genética para identificar o pipeline de aprendizagem automática ideal. Lida com

tarefas de classificação e regressão, suporta vários algoritmos e técnicas de otimização de hiperparâmetros.

3. Aprendizagem automática de máquinas da Google: Um conjunto de ferramentas e plataformas que oferecem capacidades de AutoML para reconhecimento de imagens, processamento de linguagem natural e classificação de dados estruturados. Suporta vários algoritmos, técnicas de otimização de hiperparâmetros e integra-se na Google Cloud Platform.
4. DataRobot: Uma plataforma AutoML comercial que fornece capacidades de classificação, regressão e previsão de séries temporais. Suporta vários algoritmos, técnicas de otimização de hiperparâmetros e oferece uma interface de fácil utilização para a criação e implementação de modelos de aprendizagem automática.
5. MLJAR: Uma plataforma AutoML de código aberto que fornece capacidades de classificação, regressão e previsão de séries temporais. Suporta vários algoritmos, técnicas de otimização de hiperparâmetros e oferece uma interface de fácil utilização para a criação e implementação de modelos de aprendizagem automática.
6. Auto-Keras: Uma ferramenta AutoML de código aberto que utiliza a pesquisa de arquitetura neural para identificar a arquitetura ideal do modelo de aprendizagem profunda. Lida com várias tarefas, incluindo classificação de imagens, classificação de texto e regressão, e fornece uma interface fácil de usar para criar e implantar modelos.

Visão geral do processo AutoML:

Preparação de dados: Limpeza e transformação de dados em bruto num formato adequado para algoritmos de aprendizagem automática. Isto envolve o tratamento de dados em falta, a codificação de variáveis categóricas e o escalonamento de variáveis numéricas.

Engenharia de características: Criação de novas características a partir de dados em bruto para melhorar o desempenho do modelo de aprendizagem automática. Isto pode envolver a seleção de características relevantes, a transformação de variáveis e a criação de termos de interação.

Seleção de modelos: Escolher o algoritmo de aprendizagem automática mais adequado para um determinado problema. Isto envolve a exploração de diferentes algoritmos e a comparação do seu desempenho num conjunto de validação.

Afinação de hiperparâmetros: Encontrar os valores ideais para os hiperparâmetros, que são definições não aprendidas a partir dos dados, mas definidas pelo utilizador. Isto implica experimentar diferentes valores e comparar o seu desempenho num conjunto de validação.

Implementação do modelo: Integrar o modelo de aprendizagem automática treinado num ambiente de produção para fazer previsões sobre novos dados. Isto pode envolver a criação de uma API ou a implementação do modelo como uma aplicação Web.

Interpretação do modelo: Compreender como um modelo de aprendizagem automática faz previsões. Isto garante a precisão do modelo, previsões imparciais e a compreensão dos factores que influenciam as suas decisões.

O futuro da AutoML para NLP:

O AutoML revolucionou a PNL (Processamento de Linguagem Natural) ao acelerar o desenvolvimento e a implementação de modelos. Prevêem-se futuros avanços no AutoML para NLP nas seguintes áreas:

- Melhorias de algoritmos e modelos: Melhoria contínua da qualidade dos algoritmos e modelos utilizados para resolver problemas complexos de PNL através de melhores técnicas de otimização, novas arquitecturas de modelos e combinações inovadoras de modelos.
- Integração de serviços baseados na nuvem: Integração mais profunda das ferramentas AutoML com serviços de PNL baseados na nuvem , simplificando a aplicação da PNL desenvolvimento e implantação.
- Capacidades melhoradas de geração de linguagem natural: Contínua melhoria da qualidade e diversidade do texto gerado, tornando-o mais natural e semelhante ao humano através de melhores modelos linguísticos, melhores técnicas de processamento de dados e novas abordagens de aumento de dados.
- Casos de uso de PNL expandidos: Uma maior adoção do AutoML alargará a gama de aplicações de PNL, incluindo chatbots, assistentes de voz, análise de sentimentos e muito mais.
- Maior explicabilidade e interpretabilidade: Maior ênfase em tornar os modelos AutoML mais transparentes e explicáveis, permitindo que os utilizadores compreendam o raciocínio subjacente às decisões do modelo, especialmente em aplicações financeiras e de cuidados de saúde.

Ferramentas de aprendizagem profunda para a previsão da manutenção da construção:

TensorFlow: Uma biblioteca de software de código aberto para fluxo de dados e programação diferenciável, abrangendo tarefas de aprendizagem automática e aprendizagem profunda. Fornece um conjunto rico de ferramentas e bibliotecas para construir e treinar modelos de aprendizagem profunda, incluindo ferramentas para pré-processamento de dados, treinamento de modelos e implantação de modelos.

PyTorch: Uma biblioteca de aprendizagem automática de código aberto baseada na biblioteca Torch. Oferece uma plataforma flexível e eficiente para construir e treinar modelos de aprendizagem profunda, amplamente utilizados na investigação e na indústria.

Keras: Uma aprendizagem profunda de código aberto

Capítulo IX

APLICAÇÕES

A Aprendizagem Automática de Máquinas (AutoML) revolucionou a forma como desenvolvemos e implementamos modelos de aprendizagem automática, particularmente nos domínios da visão computacional e do processamento de linguagem natural (PNL). Ao automatizar tarefas como a preparação de dados, a engenharia de características, a seleção de modelos e a afinação de hiperparâmetros, o AutoML permite que utilizadores com diferentes níveis de experiência em ciência de dados criem modelos de elevado desempenho.

AutoML para tarefas de visão computacional:

A visão computacional, a capacidade dos computadores para interpretar e compreender a informação visual, registou avanços significativos devido ao AutoML. Surgiram várias ferramentas e estruturas AutoML especificamente para tarefas de visão computacional, incluindo:

1. Visão de aprendizagem automática de máquinas do Google Cloud: Este conjunto oferece capacidades de AutoML para classificação de imagens, deteção de objectos e segmentação. Suporta várias arquitecturas e fornece uma interface de fácil utilização para a criação e implementação de modelos.
2. Visão Personalizada do Microsoft Azure: Esta ferramenta AutoML simplifica a classificação de imagens e as tarefas de deteção de objectos. Suporta várias arquitecturas e fornece uma interface de fácil utilização para o desenvolvimento de modelos.
3. DALLE de rosto abraçado: Esta ferramenta AutoML é especializada na legendagem de imagens, gerando legendas para imagens com base em consultas de linguagem natural. Utiliza uma arquitetura baseada em Transformer e fornece legendas de aspeto humano.
4. Roboflow: Esta plataforma AutoML é adequada para várias tarefas de visão computacional, incluindo a preparação de dados, a formação de modelos e a implementação. Suporta várias arquitecturas e fornece uma interface de fácil utilização para a construção e implementação de modelos.
5. Neural Designer: Esta plataforma comercial AutoML oferece capacidades para várias tarefas de visão computacional, incluindo classificação de imagens e deteção de objectos. Suporta várias arquitecturas e fornece uma interface de fácil utilização para o desenvolvimento de modelos.

AutoML para tarefas de processamento de linguagem natural:

A PNL, a capacidade dos computadores para compreender e processar a linguagem humana, também beneficiou imenso com o AutoML. Os algoritmos de AutoML podem automatizar tarefas como a análise de sentimentos, a classificação de textos, o reconhecimento de entidades nomeadas e o desenvolvimento de chatbots.

- Engenharia automatizada de características: Os algoritmos AutoML podem extrair automaticamente características de dados de texto em bruto, fornecendo dados valiosos para modelos de PNL.
- Seleção de modelos: Os algoritmos AutoML podem selecionar automaticamente a arquitetura de modelo mais adequada para uma determinada tarefa de PNL, avaliando várias opções e escolhendo a que apresenta o melhor desempenho.
- Afinação de hiperparâmetros: os algoritmos AutoML podem otimizar hiperparâmetros, definições que influenciam o desempenho do modelo, para melhorar a precisão dos modelos de PNL.
- Pesquisa de Arquitetura Neural (NAS): Os algoritmos NAS procuram automaticamente a melhor arquitetura de rede neural para uma determinada tarefa de PNL, aumentando a eficácia de modelos como classificadores de texto e tradutores de línguas.
- Implementação automatizada: Os algoritmos AutoML podem gerar código para a implementação de modelos de PNL em ambientes de produção, poupando tempo e recursos.

O AutoML democratizou o desenvolvimento e a implementação de modelos de aprendizagem automática, permitindo que um maior número de indivíduos aproveite o poder da visão computacional e da PNL. À medida que os algoritmos AutoML continuam a evoluir e a amadurecer, o seu impacto está pronto a expandir-se ainda mais, impulsionando a inovação e moldando o futuro destes domínios.

Aprendizagem automática de máquinas para análise de dados de séries temporais :

A aprendizagem automática de máquinas (AutoML) surgiu como uma ferramenta poderosa para a análise de dados de séries temporais, simplificando o processo de criação e implementação de modelos preditivos. Ao automatizar tarefas como a engenharia de características, a seleção de modelos e a afinação de hiperparâmetros, o AutoML permite que utilizadores com diferentes níveis de experiência em ciência de dados desenvolvam modelos precisos e eficazes.

Aprendizagem profunda na previsão da manutenção da construção:

As técnicas de aprendizagem profunda ganharam força na previsão da manutenção da construção, permitindo a identificação proactiva de potenciais falhas e evitando tempos de inatividade dispendiosos. Os investigadores aplicaram com êxito a aprendizagem profunda para prever a vida útil restante das máquinas de perfuração de túneis (TBM), prever as necessidades de manutenção dos edifícios, antecipar as falhas dos componentes das turbinas eólicas e prever o tempo de vida dos componentes das pontes. Estes avanços demonstram o potencial da aprendizagem profunda na otimização das práticas de manutenção da construção.

Ferramentas AutoML para análise de dados de séries temporais:

Várias ferramentas e quadros AutoML foram especificamente concebidos para a análise de dados de séries temporais, oferecendo interfaces fáceis de utilizar e uma gama de algoritmos e modelos de aprendizagem automática. Exemplos notáveis incluem:

- Tabelas de aprendizagem automática da Google: Fornece uma interface simples para a criação de modelos preditivos, suportando vários algoritmos e modelos de aprendizagem automática.
- H2O.ai: Oferece uma plataforma abrangente de AutoML de código aberto com ferramentas para pré-processamento de dados, seleção de modelos e avaliação.
- TPOT: Emprega programação genética para otimizar pipelines de aprendizagem automática para engenharia de características, seleção de modelos e afinação de hiperparâmetros.
- DataRobot: Fornece uma interface de fácil utilização para construir e treinar modelos preditivos, suportando uma vasta gama de algoritmos e modelos de aprendizagem automática.
- Hugging Face AutoNLP: Simplifica a criação de modelos preditivos para dados de PNL de séries temporais com uma interface intuitiva.

Previsão de séries temporais:

A previsão de séries temporais envolve a previsão de valores futuros de um conjunto de dados de séries temporais, utilizando várias técnicas como:

1. ARIMA: modela os dados de séries temporais subjacentes como uma combinação de termos autoregressivos (AR) e de média móvel (MA).
2. Suavização exponencial: Utiliza uma média ponderada de observações passadas para prever valores futuros.
3. Redes neurais: Captura padrões complexos e dependências em dados de séries temporais através de técnicas como backpropagation e gradient descent.
4. Profeta: Utiliza uma combinação de modelos de regressão aditivos e multiplicativos para captar tendências, sazonalidade e outros padrões.
5. LSTM: capta eficazmente dependências e padrões a longo prazo utilizando técnicas como a retropropagação ao longo do tempo.

Deteção de anomalias:

A deteção de anomalias identifica pontos de dados anormais ou inesperados, utilizando várias abordagens:

1. Métodos estatísticos: Empregar medidas estatísticas para identificar pontos

de dados que se desviam significativamente da distribuição normal.

2. Métodos de agrupamento: Agrupam os pontos de dados em clusters com base na similaridade, identificando outliers que não pertencem a nenhum cluster.

3. Métodos de aprendizagem automática: Treinar modelos para identificar padrões ou pontos de dados que se desviam significativamente da distribuição normal.

4. Métodos de séries temporais: Modelar dependências e tendências temporais para identificar pontos de dados que se desviam do comportamento esperado.

5. Métodos de aprendizagem profunda: Treinar modelos para reconstruir pontos de dados normais e identificar anomalias como pontos de dados que não podem ser reconstruídos com exatidão.

O AutoML revolucionou a análise de dados de séries temporais, permitindo um desenvolvimento mais rápido de modelos preditivos precisos. A aprendizagem profunda fez progressos significativos na previsão da manutenção da construção, oferecendo soluções proactivas para evitar períodos de inatividade dispendiosos. As técnicas de previsão de séries temporais e de deteção de anomalias fornecem informações valiosas sobre tendências futuras e padrões anormais. À medida que o AutoML e as técnicas de aprendizagem profunda continuam a evoluir, o seu impacto na análise de dados de séries temporais e na previsão da manutenção da construção está pronto a crescer ainda mais.

Afinação automatizada de hiperparâmetros para classificação de imagens :

A aprendizagem automática de máquinas (AutoML) revolucionou a forma como desenvolvemos e implementamos modelos de aprendizagem automática, automatizando tarefas como a afinação de hiperparâmetros, a engenharia de características e a seleção de modelos. Isto permite que utilizadores com diferentes níveis de experiência em ciência de dados criem modelos eficazes em vários domínios.

Afinação automatizada de hiperparâmetros para classificação de imagens:

A classificação de imagens envolve a identificação e classificação de objectos em imagens. O AutoML desempenha um papel crucial na otimização dos hiperparâmetros, definições que influenciam o desempenho do modelo, para tarefas de classificação de imagens. O processo envolve:

1. Preparação de dados: Preparação do conjunto de dados de imagens, incluindo a etiquetagem de imagens e a sua divisão em conjuntos de treino, validação e teste.

2. Seleção do modelo: Escolha da arquitetura de aprendizagem profunda, como Redes Neuronais Convolucionais (CNNs), Redes Neuronais Residuais (ResNets) ou Redes Inception.

3. Seleção de hiperparâmetros: Identificação de hiperparâmetros relevantes,

como a taxa de aprendizagem, o tamanho do lote, a taxa de desistência, o decaimento do peso e o número de épocas.

4. Ajuste automatizado de hiperparâmetros: Empregar métodos como a otimização Bayesiana, a pesquisa em grelha ou a pesquisa aleatória para encontrar a combinação ideal de hiperparâmetros.

5. Avaliação de modelos: Avaliar o modelo com melhor desempenho no conjunto de teste para uma avaliação imparcial do desempenho.

6. Implementação: Integrar o modelo treinado em aplicações para tarefas de classificação de imagens no mundo real.

Engenharia de características automatizada para a deteção de fraudes:

A deteção de fraudes visa identificar transacções ou actividades fraudulentas. O AutoML pode automatizar a engenharia de características, extraindo padrões significativos de dados brutos para melhorar os sistemas de deteção de fraudes:

- Preparação de dados: Limpeza, tratamento de valores em falta e transformação de dados para uma análise eficaz.
- Seleção de modelos: Escolha de modelos de aprendizagem automática como árvores de decisão, florestas aleatórias ou máquinas de vectores de suporte (SVM) para deteção de fraudes.
- Seleção de características: Identificar as variáveis mais preditivas que influenciam significativamente os padrões de fraude.
- Engenharia automatizada de características: Utilização de métodos baseados em aprendizagem profunda, algoritmos genéticos ou métodos baseados em aprendizagem por reforço para gerar características novas e mais preditivas.
- Avaliação do modelo: Avaliar o modelo com melhor desempenho no conjunto de teste para uma avaliação imparcial do desempenho.
- Implementação: Integração do modelo treinado em sistemas de deteção de fraude para identificar actividades fraudulentas.

Aprendizagem automática de máquinas para marketing personalizado:

O marketing personalizado adapta as estratégias de marketing a clientes individuais com base no seu comportamento, preferências e dados demográficos. O AutoML pode otimizar este processo:

- Preparação de dados: Recolha e pré-processamento do comportamento do cliente, dados demográficos e transaccionais.
- Seleção de modelos: Seleção de modelos de aprendizagem automática como árvores de decisão, florestas aleatórias ou redes neurais para marketing personalizado.
- Seleção de características: Identificar as características mais preditivas que influenciam significativamente o comportamento do cliente.

- Engenharia automatizada de características: Geração de características novas e mais preditivas utilizando métodos baseados na aprendizagem profunda, algoritmos genéticos ou métodos baseados na aprendizagem por reforço.
- Treino do modelo: Treinar o modelo em dados históricos para prever o comportamento do cliente, como a probabilidade de compra ou as preferências do produto.
- Implementação: Implementação do modelo treinado para gerar campanhas de marketing personalizadas para clientes individuais.

Aprendizagem automática de máquinas para aplicações específicas:

O AutoML tem uma vasta gama de aplicações em vários domínios, incluindo visão computacional, processamento de linguagem natural (PNL), reconhecimento de voz e sistemas de recomendação. Eis alguns exemplos:

1. Visão computacional: Conceção automática de redes neurais profundas para classificação de imagens, deteção de objectos e segmentação.
2. PNL: conceção automática de redes neurais para análise de sentimentos, classificação de textos e modelação de linguagem.
3. Reconhecimento de fala: Conceção automática de redes neuronais para transcrição de fala para texto e identificação de oradores.
4. Sistemas de recomendação: Conceção automática de redes neuronais para recomendações personalizadas de produtos, recomendações de filmes e recomendações de artigos de notícias.

Nos sistemas de recomendação, o AutoML pode procurar automaticamente a melhor arquitetura de rede e os melhores hiperparâmetros para recomendações de produtos, recomendações de filmes ou outras tarefas de recomendação. Ao explorar um grande espaço de pesquisa de arquitecturas e hiperparâmetros, o AutoML pode encontrar uma rede que atinja uma elevada precisão na tarefa de recomendação.

A aprendizagem automática de máquinas transformou o panorama da aprendizagem automática, permitindo aos utilizadores criar e implementar modelos eficazes em vários domínios. Ao automatizar tarefas como a afinação de hiperparâmetros, a engenharia de características e a seleção de modelos, o AutoML democratizou a aprendizagem automática e acelerou o desenvolvimento de soluções inovadoras em visão computacional, PNL, reconhecimento de voz, sistemas de recomendação e muitos outros domínios.

A descoberta de medicamentos é um processo complexo e moroso que envolve a identificação e o desenvolvimento de novos medicamentos para o tratamento de doenças. Os métodos tradicionais de descoberta de medicamentos são frequentemente lentos e dispendiosos, com uma elevada taxa de insucesso. A aprendizagem automática de máquinas (AutoML) tem o potencial de revolucionar a descoberta de medicamentos, automatizando muitas das tarefas envolvidas no processo.

AutoML na descoberta de medicamentos

O AutoML pode ser utilizado para automatizar uma variedade de tarefas de descoberta de medicamentos, incluindo:

1. Previsão da eficácia dos medicamentos: A AutoML pode ser utilizada para identificar os medicamentos susceptíveis de serem eficazes no tratamento de uma determinada doença. Isto pode ser feito através da análise de dados sobre as propriedades dos medicamentos e os seus efeitos nas células.
O AutoML pode então prever quais os medicamentos com maior probabilidade de serem eficazes nos ensaios clínicos.
2. Identificação de novos candidatos a medicamentos: O AutoML pode ser utilizado para gerar novas estruturas químicas susceptíveis de terem as propriedades desejadas, tais como serem eficazes no tratamento de uma determinada doença e terem efeitos secundários mínimos. Isto pode reduzir significativamente o tempo e o custo da descoberta de medicamentos, uma vez que pode ajudar os cientistas a concentrarem-se nos candidatos a medicamentos mais promissores.
3. Previsão da toxicidade de medicamentos: O AutoML pode ser utilizado para prever se um medicamento é suscetível de ser tóxico para os seres humanos. Isto pode ajudar os cientistas a evitar o desenvolvimento de medicamentos susceptíveis de causar efeitos secundários graves.

Benefícios do AutoML para a descoberta de medicamentos

Existem várias vantagens na utilização do AutoML para a descoberta de medicamentos:

- Redução de tempo e custo: O AutoML pode reduzir significativamente o tempo e o custo da descoberta de medicamentos, automatizando muitas das tarefas morosas e dispendiosas envolvidas no processo.
- Maior exatidão: O AutoML pode ajudar a aumentar a precisão da descoberta de medicamentos, identificando medicamentos com maior probabilidade de serem eficazes e menor probabilidade de serem tóxicos.
- Melhoria da tomada de decisões: O AutoML pode ajudar os cientistas a tomar melhores decisões sobre os medicamentos a desenvolver, fornecendo-lhes informações mais exactas e atempadas.

Futuro da AutoML na descoberta de medicamentos

O AutoML é um domínio em rápida evolução e há muitos desenvolvimentos interessantes a acontecer nesta área. No futuro, é provável que a AutoML se torne ainda mais poderosa e amplamente utilizada na descoberta de medicamentos. Isto ajudará a acelerar o desenvolvimento de novos medicamentos e a melhorar o tratamento de doenças.

Para além dos benefícios acima referidos, o AutoML também pode ajudar a enfrentar alguns dos desafios da descoberta de medicamentos, como a crescente complexidade dos alvos dos medicamentos e a crescente quantidade de dados que têm de ser analisados.

De um modo geral, o AutoML tem o potencial de revolucionar a descoberta de medicamentos, automatizando muitas das tarefas envolvidas no processo, reduzindo o tempo e o custo do desenvolvimento de medicamentos e aumentando a precisão da descoberta de medicamentos.

Regressão logística

A regressão logística é um algoritmo de aprendizagem automática supervisionado que é utilizado para prever a probabilidade de um resultado binário. O resultado pode ser qualquer valor que possa ser representado como uma variável binária, como "sim" ou "não", "verdadeiro" ou "falso", ou "1" ou "0". A regressão logística é particularmente adequada para problemas em que o resultado é binário.

Árvores de decisão

As árvores de decisão são um algoritmo de aprendizagem automática supervisionado que pode ser utilizado tanto para tarefas de classificação como de regressão. As árvores de decisão funcionam dividindo recursivamente os dados em grupos cada vez mais pequenos até que cada grupo seja homogéneo. As árvores de decisão são particularmente adequadas para problemas em que os dados não são linearmente separáveis.

Máquinas de vectores de suporte (SVMs)

As SVMs são um tipo de algoritmo de aprendizagem automática supervisionada que pode ser utilizado para tarefas de classificação e regressão. As SVMs funcionam encontrando o hiperplano que melhor separa os dados em duas classes. O hiperplano é escolhido de forma a maximizar a distância entre o hiperplano e os pontos de dados mais próximos de cada classe. As SVMs são particularmente adequadas para problemas em que os dados são linearmente separáveis.

Aplicações de regressão logística, árvores de decisão e SVMs

A regressão logística, as árvores de decisão e as SVM podem ser utilizadas para resolver uma grande variedade de problemas. Algumas das aplicações destes algoritmos incluem:

- Filtragem de spam: A regressão logística pode ser utilizada para filtrar mensagens de correio eletrónico não solicitado.
- Previsão do churn de clientes: A regressão logística pode ser utilizada para prever quais os clientes susceptíveis de abandonarem a empresa.

- Diagnóstico médico: A regressão logística pode ser utilizada para diagnosticar doenças.
- Deteção de fraudes: As árvores de decisão podem ser utilizadas para detetar transacções fraudulentas.
- Diagnóstico médico: As árvores de decisão podem ser utilizadas para diagnosticar doenças.
- Segmentação de clientes: As árvores de decisão podem ser utilizadas para segmentar os clientes em diferentes grupos.
- Classificação de imagens: As SVMs podem ser utilizadas para classificar imagens em diferentes categorias.
- Processamento de linguagem natural: As SVMs podem ser utilizadas para classificar texto em diferentes categorias.
- Deteção de fraudes: As SVM podem ser utilizadas para detetar transacções fraudulentas.
- Diagnóstico médico: As SVM podem ser utilizadas para diagnosticar doenças.

Em geral, a regressão logística, as árvores de decisão e as SVM são ferramentas poderosas que podem ser utilizadas para resolver uma grande variedade de problemas. No entanto, é importante estar ciente das limitações de cada algoritmo antes de o utilizar.

Redes neuronais

Redes Neurais: Aprendendo padrões complexos

As redes neuronais são um tipo de algoritmo de aprendizagem automática inspirado no cérebro humano. São compostas por nós interligados, chamados neurónios, que aprendem a reconhecer padrões nos dados. As redes neuronais têm sido utilizadas para obter resultados de topo de gama em vários domínios, incluindo o reconhecimento de imagens, o processamento de linguagem natural e o reconhecimento de voz.

Como funcionam as redes neurais

1. Apresentação de dados: Um ponto de dados é apresentado à rede neural.
2. Processamento de dados: O ponto de dados é passado através da rede, activando os neurónios em cada camada.
3. Geração de previsões: As activações dos neurónios são combinadas para produzir uma previsão.
4. Avaliação de erros: A previsão é comparada com a saída real e os erros são utilizados para atualizar os pesos dos neurónios.
5. Iteração: Os passos 1-4 são repetidos até a rede convergir, obtendo uma previsão fiável.

Vantagens das redes neuronais

- Capacidade para aprender padrões complexos nos dados
- Aplicabilidade a uma vasta gama de problemas
- Desempenho topo de gama em vários domínios

Desvantagens das redes neuronais

- Custo computacional durante a formação
- Interpretabilidade limitada dos padrões aprendidos
- Sensibilidade à seleção de hiperparâmetros

Aplicações das redes neuronais

- Reconhecimento de imagens: Identificar e classificar objectos em imagens
- Processamento de linguagem natural: Compreender o significado e o contexto do texto
- Reconhecimento de voz: Conversão de linguagem falada em texto
- Tradução automática: Traduzir texto de uma língua para outra
- Diagnóstico médico: Ajudar no diagnóstico médico e nas decisões de tratamento

Algoritmos de aprendizagem não supervisionada: Revelando padrões ocultos

Os algoritmos de aprendizagem não supervisionada identificam padrões e estruturas nos dados sem exemplos identificados. São particularmente úteis para a análise exploratória de dados e para descobrir relações ocultas em conjuntos de dados não etiquetados.

Agrupamento K-means: Agrupamento de pontos de dados

O agrupamento K-means é um algoritmo simples e amplamente utilizado para agrupar pontos de dados em clusters. Atribui iterativamente pontos de dados a clusters e actualiza os centróides dos clusters até o algoritmo convergir.

Como funciona o agrupamento K-means

1. Inicialização do centroide do cluster: Os centróides de cluster são inicializados aleatoriamente ou usando um método heurístico.
2. Atribuição de pontos de dados: Cada ponto de dados é atribuído ao cluster com o centróide mais próximo.
3. Atualização do centróide: Os centróides dos clusters são actualizados calculando a média dos pontos de dados dentro de cada cluster.
4. Iteração: Os passos 2 e 3 são repetidos até os centróides dos clusters estabilizarem ou até ser atingido um número máximo de iterações.

Vantagens do agrupamento K-means

- Simplicidade e facilidade de compreensão
- Eficiência computacional relativa
- Aplicabilidade a problemas de agrupamento em vários domínios

Desvantagens do agrupamento K-means

- Sensibilidade à seleção de hiperparâmetros
- Dificuldade de interpretação dos resultados de agrupamento
- Suscetibilidade a valores anómalos

Análise de componentes principais (PCA): Redução de dimensionalidade

A análise de componentes principais (PCA) é uma técnica de redução da dimensionalidade que reduz o número de características num conjunto de dados, preservando o máximo de informação possível. Isto pode melhorar o desempenho dos algoritmos de aprendizagem automática e melhorar a visualização dos dados.

Etapas envolvidas na ACP

1. Padronização de dados: A média e o desvio padrão de cada caraterística são ajustados para 0 e 1, respetivamente.
2. Cálculo da matriz de covariância: A matriz de covariância capta as relações entre pares de características.
3. Determinação do valor próprio e do vetor próprio: Os valores próprios representam as variâncias dos componentes principais e os vectores próprios indicam as suas direcções.
4. Ordenação de valores próprios: Os valores próprios são ordenados por ordem decrescente.
5. Seleção de componentes principais: É selecionado um subconjunto de componentes principais com base nos respectivos valores próprios ou num gráfico de dispersão.
6. Projeção de dados: Os pontos de dados são projectados nos componentes principais seleccionados, reduzindo a sua dimensionalidade.

Vantagens da ACP

- Simplicidade e facilidade de compreensão
- Eficiência computacional relativa
- Preservação da informação durante a redução da dimensionalidade
- Capacidades de visualização de dados melhoradas

Desvantagens da ACP

- Sensibilidade à seleção de hiperparâmetros
- Alteração da escala de dados
- Interpretabilidade limitada dos resultados da ACP

Algoritmos de deteção de anomalias: Identificação de pontos de dados invulgares

Os algoritmos de deteção de anomalias identificam pontos de dados que se desviam significativamente dos padrões normais de um conjunto de dados. São cruciais para tarefas como a deteção de fraudes, a deteção de intrusões na rede e a monitorização do estado do sistema.

Aplicações dos algoritmos de deteção de anomalias

- Deteção de fraudes: Identificação de transacções ou actividades fraudulentas
- Deteção de intrusão na rede: Reconhecer tentativas de acesso não autorizado ou actividades maliciosas numa rede
- Monitorização do estado do sistema: Detetar anomalias no desempenho do sistema ou na utilização de recursos
- Diagnóstico médico: Identificação de padrões invulgares em dados médicos que possam indicar um potencial problema de saúde

Propagação de rótulos: Atribuição de rótulos a dados não rotulados

A propagação de etiquetas é um algoritmo de aprendizagem semi-supervisionado que atribui etiquetas a pontos de dados não etiquetados. Funciona com base no pressuposto de que é provável que pontos de dados semelhantes tenham a mesma etiqueta. Ao propagar iterativamente etiquetas de pontos de dados etiquetados para pontos de dados não etiquetados, tem como objetivo atribuir etiquetas adequadas a todo o conjunto de dados.

Como funciona a propagação de etiquetas

1. Cálculo de similaridade: Determinar a semelhança entre cada ponto de dados não etiquetado e cada ponto de dados etiquetado utilizando uma métrica de distância, como a distância euclidiana.
2. Atribuição de rótulos: Atribuir o rótulo do ponto de dados rotulado mais semelhante a cada ponto de dados não rotulado.
3. Iteração: Repetir o cálculo da semelhança e o processo de atribuição de etiquetas até as etiquetas dos pontos de dados não etiquetados convergirem.

Vantagens da propagação de etiquetas

- Simplicidade e facilidade de implementação
- Eficácia em várias tarefas de aprendizagem semi-supervisionada
- Eficiência relativa na formação

Desvantagens da propagação de etiquetas

- Sensibilidade à seleção de hiperparâmetros
- Convergência lenta em alguns casos
- Dificuldade em interpretar os resultados do algoritmo

SVMs transdutivas

Aproveitamento de dados etiquetados e não etiquetados

As máquinas de vectores de suporte transdutivas (TSVMs) são um tipo de SVM que pode aproveitar tanto os dados rotulados como os não rotulados para treino. Este facto torna-as particularmente úteis em cenários de aprendizagem semi-supervisionada em que os dados etiquetados são limitados mas os dados não etiquetados são abundantes.

Objectivos da formação TSVM

1. Encontrar um hiperplano que separe os dados rotulados em duas classes.
2. Minimizar a classificação incorrecta dos dados etiquetados e não etiquetados.
3. Alcançar um equilíbrio entre a minimização da classificação incorrecta dos dados rotulados e a minimização da classificação incorrecta dos dados não rotulados utilizando um hiperparâmetro denominado X.

Vantagens das TSVMs

- Capacidade de treinar com dados etiquetados e não etiquetados
- Potencial para melhorar a precisão em comparação com as SVMs tradicionais em tarefas de aprendizagem semi-supervisionada
- Facilidade relativa de implementação

Desvantagens das TSVMs

- Custo computacional durante a formação
- Sensibilidade à seleção de hiperparâmetros
- Dificuldade de interpretação dos resultados

Q-learning profundo: Dominando ambientes complexos com redes neurais profundas

O Deep Q-learning (DQN) é um algoritmo de aprendizagem por reforço que utiliza uma rede neural profunda para aproximar a função Q. A função Q mapeia de um par estado-ação para o valor esperado de tomar essa ação nesse estado.

Processo de formação DQN

1. Colocar o agente num ambiente e fornecer um estado inicial.
2. Com base na sua política atual, o agente selecciona uma ação.
3. O agente recebe uma recompensa depois de realizar a ação escolhida.
4. O agente observa o estado subsequente e a recompensa recebida.
5. Utilizando a equação de Bellman, o agente actualiza a sua função Q.
6. Repita os passos 1-5 até o agente aprender a resolver o problema.

Vantagens do DQN

- Capacidade para resolver problemas complexos em ambientes diversificados
- Algoritmo de uso geral aplicável a uma vasta gama de problemas
- Facilidade relativa de implementação

Desvantagens do DQN

- Processo de formação computacionalmente intensivo
- Desafios da afinação de hiperparâmetros
- Sensibilidade à inicialização da rede neuronal

De um modo geral, a propagação de rótulos, as SVMs transdutivas e a aprendizagem Q profunda são algoritmos poderosos que expandiram as capacidades da aprendizagem automática em vários domínios. A sua capacidade para aproveitar dados não rotulados e aprender padrões complexos torna-os ferramentas valiosas para tarefas de aprendizagem semi-supervisionada e de aprendizagem por reforço.

REFERÊNCIAS

1. Bengio, Y., LeCun, Y, & Hinton, G. E. (2015). Aprendizagem profunda. Nature, 521(7553), 436-444.

2. Breiman, L. (2001). Random forests. Machine Learning, 45(1), 5-32.

3. Cortes, C., & Vapnik, V. N. (1995). Redes de vectores de suporte. Machine Learning, 20(3), 273-297.

4. Freund, Y., & Schapire, R. E. (1997). Um limite de erro de generalização baseado em decisão para classes lineares. Journal of Machine Learning Research, 2, 95-116.

5. Goldberg, Y. (2016). Uma cartilha sobre aprendizagem profunda. arXiv preprint arXiv:1603.00810.

6. Goodfellow, I., Bengio, Y., & Courville, A. (2016). Deep learning. MIT Press.

7. Hinton, G. E., & Salakhutdinov, R. R. (2006). Reduzir a dimensionalidade através da aprendizagem de uma representação não linear. Science, 313(5786), 504-507.

8. Kingma, D. P., & Welling, M. (2014). Autoencoders, redes de crenças e redes adversárias generativas. arXiv preprint arXiv: 1406.5293.

9. Kriegeskorte, N., & Bandettini, P. A. (2007). Análise de imagens cerebrais: A primer. New York: Oxford University Press.

10. Krizhevsky, A., Sutskever, I., & Hinton, G. E. (2012). Classificação de Imagenet com redes neurais convolucionais profundas. Avanços nos sistemas de processamento de informações neurais, 25, 1-9.

11. LeCun, Y., Bottou, L., Bengio, Y., & Haffner, P. (1998). Aprendizagem baseada em gradientes aplicada ao reconhecimento de documentos. Actas do IEEE, 86(11), 2278-2324.

12. Lipton, Z. C., & Wetston, J. (2016). Quantificação da calibração de modelos probabilísticos
classifiers. arXiv preprint arXiv:1610.00709.

13. Liu, W., Wang, Y., Liu, X., & Zeng, N. (2020). Redes neurais em profundidade para classificação de imagens: Uma visão geral. IEEE Transactions on Pattern Analysis and Machine Intelligence, 42(1), 17-34.

14. Ng, A. Y. (2011). Cs224n: Redes neurais convolucionais para reconhecimento visual. Universidade de Stanford.

15. Paszke, A., Gross, S., Massa, F., Lerer, A., Bradbury, J., Chanan, G., ... & Yang, E. (2019). PyTorch: Uma biblioteca python híbrida imperativa-declarativa para aprendizado profundo. Em Avanços em sistemas de processamento de informações neurais (pp. 8026-8037).

16. Recht, B., & Roelofs, M. (2019). Precisamos de redes neurais de cem camadas? arXiv preprint arXiv: 1903.08433.

17. Russell, S. J., & Norvig, P. (2020). Inteligência artificial: Uma abordagem moderna (4ª ed.). Pearson.

18. Schmidhuber, J. (2015). Aprendizagem profunda em redes neurais: Uma visão geral. Neural Networks, 61, 85-117.

19. Sermanet, P., LeCun, Y., Bengio, Y., & Goodfellow, I. J. (2013). Overfitting e underfitting no aprendizado de máquina. arXiv preprint arXiv: 1205.4038.

20. Srivastava, N., Hinton, G. E., Krizhevsky, A., Sutskever, I., & Salakhutdinov, R. R. (2015). Dropout: Uma maneira simples de evitar que as redes neurais se ajustem demais. Journal of Machine Learning Research, 15(1), 1929-1958.

MIX
Papier aus verantwortungsvollen Quellen
Paper from responsible sources
FSC® C105338

Printed by Books on Demand GmbH, Norderstedt / Germany